10주,
글쓰기
완전 정복

문장 제대로 쓰기부터 자기소개서까지,
한 번 배워 평생 써먹는 단계별 글쓰기 프로젝트

10주, 글쓰기 완전 정복

김상훈 지음

카시오페아
Cassiopeia

글쓰기가 어려운 학생들에게

글쓰기를 어려워하는 학생들이 상당히 많습니다. 나름대로 열심히 써 봤지만 결과가 영 신통치 않습니다. 학생만 답답하겠습니까? 부모님도 속이 타 들어 갑니다. 그러다 보니 "이게 글이냐. 좀 똑바로 써라!" 하고 윽박지르기도 하지요.

특목고, 자사고, 과학고 같은 고교에 가려면 자기소개서를 써야 합니다. 자기소개서는 합격 여부를 결정할 만큼 입시에서 큰 비중을 차지합니다. 자기소개서를 잘 작성하기 위해서라도 글쓰기 공부가 필요하지요. 물론 족집게처럼 자기소개서 쓰는 법을 가르쳐 주는 학원도 있고, 글을 첨삭해 주는 인터넷 사이트도 있습니다. 돈을 주면 대필해 주는 불법 강사들도 있지요. 이처럼 자기소개서 문제를 쉽게 해결할 수 있는데 굳이 글쓰기 공부가 필요할까요? 부모님이나 수험생 모두 이렇게 생각할 수도 있습니다.

'소설가나 시인이 될 거야? 아니잖아! 영어와 수학에 투자할 시간도 모자라. 해야 할 공부가 산더미라고. 글쓰기가 뭐 그리 대단한 거라고 시간을 낭비해? 그 시간에 영어 단어, 수학 공식 하나를 더 외우는 게 나아.'

지금 글쓰기 공부를 하는 게 정말로 시간 낭비일까요? 몇 년 전을 떠올려 보세요. 유치원 또는 초등학교 저학년 시절, 읽어야 할 도서 목록까지 만들어 가며 책을 읽지 않았나요? 더불어 일기나 독후감 같은 것도 꼬박꼬박 썼을 거예요. 아마 글쓰기 실력도 늘고 나중에 논술고사에도 도움이 된다고 생각했기 때문이겠죠.

초등학교 고학년이 되면 독서와 글쓰기에서 점점 멀어집니다. 이제 본격적으로 입시 준비를 해야 하니까요. '지옥'에 비유되는 대한민국의 교육 현실이 안타까울 따름입니다. 그래도 걱정스러운 부분은 짚고 넘어가야겠습니다.

영어와 수학만이 경쟁에서 이기는 무기일까요? 글쓰기는 시간 남을 때 기웃거리는 취미일 뿐일까요? 만약 그렇게 생각한다면 틀려도 크게 틀렸습니다. 왜 글쓰기가 강력한 무기가 된다는 생각은 하지 못할까요? 글쓰기라는 무기는 초중등학교 때보다 고교나 대학교 이후에 막강한 힘을 발휘한다는 사실을 깨달아야 합니다.

미국과 같은 선진국에서는 글을 못 쓰면 상급 학교로 진학이 어렵습니다. 다행히 진학에 성공했다고 해도 글쓰기 실력을 키우지 않으면 좋은 성적을 받지 못해요. 한국에서 우수했던 학생들이 유학 갔다가 낭패를 많이 보는 게 이 때문입니다. 미국에서는 '에세이' 과목이 가장 중요한데, 한국에서는 글쓰기 훈련을 별로 하지 않았으니까요. 수행평가 보고서를 쓸 때 말고는 글을 쓸 기회가 없는데 언제 글쓰기 실력을 키우겠어요?

우리 학생들은 국제 수학 올림피아드나 과학 올림피아드에서 매년 우수한 성적을 거두고 있습니다. 그런데 그 아이들이 성인이 된 후에는 세계 인재들과의 경쟁에서 두각을 나타내지 못합니다. 문제를 푸는 능력은 뛰어나지만 사고력, 논리력, 표현력, 창의력 등이 종합적으로 발전하지 못하기 때문이지요. 바로 이 점이 글쓰기 공부를 꼭 해야 하는 이유입니다. 15세기 후반에 성종 임금의 명으로 편찬된 시문 선집 《동문선》에는 이런 구절이 들어 있습니다.

"글은 도(道)를 밝히는 그릇이다."

그렇습니다. 글을 알아야, 글을 제대로 쓸 줄 알아야 세상을 밝힐 수 있습니다.

지금 글쓰기를 게을리하면 그 여파는 성인이 됐을 때 부메랑으로 돌아옵니다. 어른이 되어서 글쓰기를 주저하게 되고, 그러다 보면 글쓰기가 공포의 대상이 됩니다. 사회에 나가면 글을 써야 할 일이 정말 많습니다. 글을 못 쓰면 정말로 막막해지지요. 왜 직장인들이 뒤늦게 글쓰기 강좌로 몰리고 글쓰기 관련 책을 사서 보겠습니까?

사실 초중고교 시절에도 글쓰기는 중요합니다. 대학 입시와 밀접한 관련이 있거든요. 글쓰기는 지식과 지혜를 발휘하며, 창의적 상상력과 논리력, 표현력을 키우는 고도의 지적 작업입니다. 이 모든 능력은 공부를 잘하려면 꼭 갖춰야 할 덕목이죠. 글쓰기 훈련을 통해 이 모든 덕목을 갖출 수 있습니다. 지금 초등학교 고학년이거나 중학생이라면 대학 입시까지는 최소한 3년에서 많게는 5~6년까지 남아 있습니다. 아직은 다양한 글을 써 보려고 시도해야 할 나이입니다.

글을 쓰는 게 쉽지 않은 학생들을 위해 이 책을 만들었습니다. 글쓰기의 기본인 문장 만드는 법에서부터 그 문장을 세련되게 발전시키는 법, 문장을 모아 한 편의 글을 만드는 법, 장르별로 다양한 글을 만드는 법까지 모두 담았습니다. 이 모든 훈련을 10주에 끝내도록 했습니다.

이 책을 친구로 삼아 정성스럽게 글쓰기 훈련을 하고 모든 과제를 제대로 이행한다면, 여러분의 글쓰기 실력이 크게 향상되리라고 확신합니다. 자유롭게 글쓰기를 하고 있는 자신을 발견할 것입니다. 최소한 자기 생각과 느낌을 표현하지 못해 안타까워하는 일은 생기지 않겠지요.

그렇게 되려면 절대로 이 책을 설렁설렁 읽어서는 안 됩니다. 매주의 과제는 반드시 이행해야 합니다. 노력하지 않는 자는 열매를 맛볼 수 없다는 진리를 잊지 마세요. 여기에 실린 예문들은 대부분 초등학교 고학년과 중학생이 쓴 글입니다. 또래 친구들이 글을 쓸 때 어떤 실수를 많이 하며, 어떤 부분을 전혀 인식하지 못하는지 알게 되는 좋은 기회가 될 겁니다. 여러분 모두의 건투를 빕니다.

끝으로, 잉글랜드 출신의 한 여성 이야기를 할까 합니다. 그녀의 삶은 참으로 고단했습니다. 어른이 돼서 결혼했는데, 남편과 사이가 좋지 않았습니다. 결국 이혼했고 어린아이를 홀로 키워야 했습니다. 간신히 입에 풀칠할 정도밖에 벌이가 없었습니다. 정부가 주는 복지 지원금이 없었다면 삶이 끝났을 수도 있죠.

그녀는 글쓰기를 좋아했습니다. 30대 초반이던 1997년, 그녀가 연작 시리즈 소설을 냈습니다. 그 시리즈는 대박을 쳤습니다. 70여 개 언어로 번역될 만큼 전 세계로 팔려 나갔습니다. 총 판매 부수는 4억 5,000만 부를 넘겼습니다. 이 책이 그 유명한 〈해리포터〉 시리즈입니다. 이 작가는 조앤 롤링이지요. 그녀는 이 시리즈만으로 수십억 달러를 벌어들였습니다. 그녀의 재산은 우리 돈으로 1조 원이 넘습니다.

조앤 롤링이 어느 날 갑자기 세계적인 베스트셀러 작가가 된 건 아닙니다. 그녀는 어린 시절부터 글 쓰는 걸 아주 좋아했습니다. 책도 많이 읽었고, 꾸준히 소설과 같은 이야기를 쓰는 훈련을 했습니다. 삶이 힘들다고 해서 글쓰기를 포기했다면 〈해리포터〉 시리즈는 결코 탄생하지 못했을 것이고, 오늘날의 조앤 롤링도 없었을 것입니다. 글쓰기는 이처럼 '세상'을 바꿔 놓는 힘을 가지고 있답니다.

차례 ✏️

서문 글쓰기가 어려운 학생들에게 – 05

1장 Warming Up

- 독서가 왜 중요한가 – 17
- 다독보다는 정독하라 – 19
- 반복해서 읽어라 – 21
- 마지막 페이지까지 억지로 읽지 마라 – 22
- 낭독하며 읽어라 – 24
- 책 여백에 메모하라 – 25
- 메모하는 습관을 들이자 – 27
- 명언과 한자성어를 익혀라 – 29
- 신문을 읽자 – 31
- 수시로 토론하자 – 33
- 요약해서 말하자 – 36
- 글쓰기 날을 정하라 – 38
- 인터넷 용어를 덜 써라 – 40

2장 10주, 글쓰기 완전 정복

1주. 문장 만들어 보기 - 47

- 문장 20개 자유자재로 만들기 - 50
- 주어와 서술어 호응시키기 - 51
- 조사 적절히 사용하기 - 58
- 꾸밈 관계 명확히 하기 - 63
- 영어식 수동 표현 쓰지 않기 - 66

2주. 문장 연결해 짧은 글 만들기 - 75

- 문장 짧게 쓰기 - 78
- 불필요한 접속사 버리기 - 83
- 육하원칙에 맞추기 - 90

3주. 다양한 비유법과 표현법 익히기 - 99

- 직유법 활용하기 - 103
- 은유법 활용하기 - 104
- 의인법과 활유법 활용하기 - 105
- 대유법 활용하기 - 107
- 의성어와 의태어 활용하기 - 109
- 정의 - 111   • 비교 - 113
- 대조 - 114   • 분류 - 115   • 분석 - 116
- 예시 - 118   • 인용 - 119

4주. 묘사와 서사 글 써 보기 - 127

- 서사하기 – 135
- 묘사하기 – 138
- 상상하기와 스토리 만들기 – 144

5주. 일기 쓰기 - 155

- 일기와 일지를 구분해서 써라 – 157
- 가장 인상적인 이야기를 써라 – 159
- 느낌과 생각이 풍부한 일기를 써라 – 163

6주. 기행문 쓰기 - 169

- 가급적 시간 순서대로 써라 – 175
- 여행 정보와 에피소드를 소개하라 – 175
- 감상을 적절하게 넣어라 – 176

7주. 감상문 쓰기 - 187

- 글쓴이의 정서와 감상을 반드시 드러내라 – 189
- 요약과 감상을 적절히 배합하라 – 190
- 감상 과정을 충실하게 하라 – 193

8주. 설명문 쓰기 – 205

- 사실과 정보만 써라 – 207
- 정확한 사실과 정보만 전달하라 – 212
- 모호함 없이 명쾌하게 표현하라 – 213

9주. 논설문 쓰기 – 221

- 주장은 강하게 하라 – 223
- 주장의 근거를 명확하게 제시하라 – 226
- 서론-본론-결론의 삼단 구성을 갖춰라 – 229

10주. 작품에 도전하기 – 239

- 글 설계하기 – 241
- 소재와 주제 정하기 – 243
- 절제된 상상력으로 글쓰기 – 247
- 제대로 글 맺음하기 – 249
- 글 되새김질하듯 매만지기 – 254
- 자기소개서 쓰기 – 256

부록 '10주 글쓰기 완전 정복' 한눈에 보기 – 265

1장

Warming Up

〈10주, 글쓰기 완전 정복〉에 들어가기 전, 꼭 알아 둬야 할 게 있어. 무작정 글만 쓴다고 해서 글 실력이 단숨에 좋아지지는 않는다는 사실이야. 글은 글대로 쓰면서 글쓰기에 도움이 되는 '부가적 활동'도 해야 해. 프로젝트를 시작하기 전에 이 부가적 활동에 대해 먼저 알려 줄게.

가장 필요하며 또한 가장 중요한 부가적 활동은 독서야. 독서는 글쓰기 훈련에서 최고의 스승이지. 글을 좀 쓴다는 사람 치고 독서를 게을리하는 사람은 없어. 그러니 독서를 꾸준히 해야 해. 글쓰기에 도움이 되는 책 읽기는 그냥 독서와는 어떻게 다를까? 먼저 이 점을 살펴볼게.

이어서 글쓰기에 도움이 되는 습관에 대해서도 정리할 거야. 이 습관을 항상 염두에 두도록 해. 〈10주, 글쓰기 완전 정복〉을 시작하기 전뿐 아니라 끝내고 난 후에도 이 습관은 버리면 안 돼.

자, 그럼 워밍업을 시작해 볼까?

독서가 왜 중요한가

중국 송나라의 정치가이면서 문인이었던 구양수(1007~1072년)가 글을 잘 쓰는 비법이라며 남긴 유명한 말이 있어. 바로 "많이 읽고, 많이 쓰고, 많이 생각하라(다독다작다상량, 多讀多作多商量)"이지.

이 말은 원래 "많이 듣고, 많이 읽으며, 많이 생각하라(다문다독다상량, 多聞多讀多商量)"에서 비롯됐어. 시간이 흐르면서 살짝 바뀌었지만 전체적으로 말의 뜻까지 바뀌지는 않았어. 결국 좋은 글을 쓰려면 늘 생각하고, 책을 많이 읽고, 자주 써 봐야 한다는 결론은 만고불변의 진리인 셈이야.

무턱대고 다독, 다작, 다상량만 하면 글을 잘 쓸 수 있을까? 그렇지는 않아. 기초 체력이 허약한 사람에게 마라톤을 시킨다고 생각해 봐. 그 사람은 십중팔구 중간에 탈진해 쓰러질 거야. 자칫 응급실로 실려 갈 수도 있어.

글쓰기도 마찬가지야. 평소에 글쓰기를 위한 체력을 비축해 놓아야 해. 그래야 막힘없이 술술 글을 쓸 수 있으니까. 이를 위해 글을 자주 써 보는 것은 지극히 당연하니 더 이상 말할 필요도 없어. 하지만 쓰기만 해서는 안 돼. 쓰기에 쏟는 노력과 비슷한 수준으로 읽는데도 노력을 기울여야 해.

우리는 책에서 지식을 습득하고 삶의 지혜를 배워. 독서를 통해 미래를 예측하는 통찰력도 키울 수 있어. 이런 점 때문에 독서의 중요성을 강조하는 명언이 많지.

프랑스의 대표적인 실존주의 철학자인 장 폴 사르트르(1905~1980년)는 "내가 세계를 알게 된 것은 책에 의해서였다"고 했어. '근대 철학의 아버지'라 불리는 프랑스의 르네 데카르트(1596~1650년)는 "좋은 책을 읽는 것은 과거의 뛰어난 사람들과 대화를 나누는 것이다"고 말했지.

더 과거로 거슬러 올라가 볼까? 율리우스 카이사르(줄리어스 시저)가 활약하던 고대 로마 시절 정치가이자 철학자인 마르쿠스 키케로(기원전 106~기원전 43년)는 "책이 없는 집은 문이 없는 가옥과 같고, 책이 없는 방은 영혼이 없는 육체와 같다"고 했어.

말이야 좋지만, 학교 수업이며 학원 수업을 따라가기도 빠듯한데 언제 책을 읽느냐고? 독서는 사치라고? 안타까운 교육 현실을 모르는 바는 아니야. 그래도 글을 잘 쓰고 싶다면 반드시 독서를 병행해야 해. 책을 읽어 보겠다고 마음만 먹는다면 시간과 장소가 무슨 상관이겠어? 구양수 또한 "책 읽기에 가장 좋은 세 곳이 있다. 침상, 말안장, 화장실이다. 책을 읽겠다는 마음이 진실하다면, 장소가 무슨 문제이겠나?"라고 했단다.

독서를 게을리하면서 좋은 글을 쓰겠다고 생각한다면 욕심이야. 쌀을 씻지도 않았으면서 맛있는 밥을 먹겠다는 심보와 같아. 쌀을 씻는 노력도 하지 않고 모락모락 김이 피어오르는 밥을 얻을 수는 없어.

다독보다는 정독하라

자, 이제 어떻게 책을 읽는 게 글쓰기에 도움이 되는지를 본격적으로 알아볼게.

우선 여유가 있다면 책을 많이 읽도록 해. 한 문장 한 문장에 모두 신경을 쓰면서 독서하는 게 좋아. 반복해서 읽는 것도 나쁘지 않지. 어떤 대목에서는 잠시 읽기를 멈추고 생각에 빠져 봐. 독서를 끝낸 후에도 여운을 느끼며 생각의 날개를 맘껏 펼쳐 봐. 많이 읽고, 깊이 읽고, 반복해서 읽고, 생각하며 읽는 것! 정말로 최고의 독서법이야. 문제는, 우리에겐 이 환상의 독서법을 실행할 시간적, 심리적 여유가 없다는 데 있지.

매일 책 한 권씩 읽었더니 어느새 1년에 365권을 읽었더라는 성공 스토리는 소수의 사람에게서만 볼 수 있어. 게다가 그런 독서법이 정말로 글쓰기에 도움이 되는지, 나아가 올바른 독서법이 맞는지도 따져 봐야 해.

십대 학생의 지식수준이나 지적 능력은 성인과 비교했을 때 높지 않아. 책을 입체적으로 이해하는 능력이 아직은 완벽하지 않지. 그런 학생들에게 책을 빨리, 많이 읽으라고 주문하는 것은 위험해. 부작용이 나타날 수밖에 없어. 이런 경우 학생들은 '영혼 없이' 책을 읽게 돼. 얼른 책 한 권을 끝내기 위해 대충 훑는 독서를 하는 거야. 이런 식의 독서로는 책의 전체 줄거리만 겨우 기억할 수 있어. 책에 담긴 의미를 완전하게 이해하는 것은 불가능하지.

인문학 열풍이 불면서 관련 책을 읽는 십대들이 크게 늘었어. 인문학이 사고력과 통찰력, 지혜를 키워 주는 학문이니 이런 열풍이 반가워. 다만 정말로 그 학생들이 인문학을 이해하고 있는지는 의문이야. 인문학책을 몇 권 읽었다는 학생들과 대화해 보면 실망스러울 때가 많아. 그들은 개념의 일부분만 떠듬떠듬 말하는 걸로 만족해하는 것 같았어. 전체 내용을 요약해 보라고 하면 주춤거리지.

왜 이런 결과가 나오는 걸까? 학생 자신이나, 그 학생을 가르치는 과외(학원) 선생님이나, 학생의 부모가 모두 '다독의 함정'에 빠져 있기 때문이야. 책을 많이 읽어 놓으면 나중에 논술고사도 잘 치르고, 창의력도 좋아진다고 막연하게 환상을 품는 거지. 정말 그럴까? 아니야. 다독보다 더 중요한 것은 정독이야.

누구에게나 친구는 있어. 적으면 한두 명에서 많으면 수백 명까지. 여러분은 모든 친구들의 이름과 인상착의는 물론, 성격과 사소한 버릇까지 다 기억해? 아마 그렇지 못할 거야. 친한 친구들에 대해서만 사소한 것까지 알고 있겠지. 그렇다고 나머지 친구들을 일부러 멀리하거나 외면하지는 않잖아? 그들도 언젠가는 친한 친구가 될 수 있으니까.

서로 이름만 알고 있는 정도의 친구 100명도 필요하지만, 매일 통학을 같이하며 시시콜콜한 버릇까지 다 알고 있는 친구 한 명이 훨씬 더 필요할지도 몰라. 글쓰기에 도움이 되는 독서가 바로 이 친구 사귀기와 비슷해. 100권을 대충 읽는 것보다 한 권을 깊이 있게 읽는 것이 더 중요하단다.

반복해서 읽어라

글쓰기에 도움이 되는 두 번째 독서법은 책을 반복해서 여러 번 읽는 거야. 특히 좋은 책은 다 읽었다고 해서 구석에 처박아 놓으면 안 돼. 몇 권의 책과는 평생 친구가 되겠다는 심정으로 사귀어야 해. 이것과 관련해 영국 총리를 지낸 윈스턴 처칠(1875~1965년)은 "책의 내용을 이해할 수 없다 하더라도 그 책을 책장에 꽂아 두고 어디에 있는지 알아야 한다. 책과 친구가 되도록 노력해야 한다"고 말했어. 《실낙원》의 저자 존 밀턴(1608~1674년)은 "아무 책이나 많이 읽기보다는 한 권의 책이라도 여러 번 살펴 자세하게 읽는 습관을 들여라"고 했지.

굳이 책을 반복해서 읽어야 할까? 읽어야 할 책이 많은데도? 맞아. 읽어야 할 책이 아무리 많다 해도 좋은 책만큼은 몇 번이고 반복해서 읽어야 해. 책을 반복해 읽어야만 지식과 지혜를 온전히 얻을 수 있어.

반복 독서를 하면 책의 내용을 명확하게 이해할 수 있어. 또한 독서를 통해 얻은 지식을 오랜 시간 기억할 수 있지. 책 속에 담긴 지식을 오롯이 자신의 것으로 만들 수 있다는 얘기야. 이런 지식은 글을 쓸 때 언제든지 자유자재로 인용할 수 있어. 요리에 비유하자면, 반복 독서를 하는 사람은 수많은 음식 재료를 항상 가지고 다니는 것과 같아. 음식을 만들 때 우왕좌왕하며 재료를 구하는 요리사와 미리 모든 재료를 주방 테이블에 올려놓은 요리사가 있다고 가정해 봐. 어떤 음식이 더 맛있을지는 굳이 말할 필요가 없겠지?

그렇다면 모든 책을 반복해서 읽어야 할까? 그건 아니야. 일반적으로 인문학책이라면 반복 독서가 필수야. 《논어》나 《장자》, 《군주론》 같은 사상 서적이나 《삼국유사》, 《삼국사기》, 《조선왕조실록》 같은 역사책이 여기에 해당해. 이런 책은 한 번 읽은 뒤 "다 읽었다!"고 좋아하지 말고, 두고두고 반복해서 읽어야 해.

소설, 시와 같은 문학책도 감명을 받았다면, 나중에 다시 읽어 볼 필요가 있어. 반복해서 읽은 책은, 앞으로 성인이 될 때까지 학생들에게 두고두고 '멘토' 역할을 하게 되지.

율곡 이이(1536~1584년) 선생은 "책을 읽을 때는 참된 이치와 뜻을 모두 깨닫고 통달하고 난 후에야 다른 책을 읽어라. 여러 책을 탐내 분주하게 섭렵하지 마라"고 했어. 이 말씀 그대로 책을 반복해서 읽는 습관을 들이도록 해.

마지막 페이지까지 억지로 읽지 마라

근면함과 끈기는 삶을 살아가는 데 꼭 갖춰야 할 덕목이야. 하지만 독서에서는 때로 바람직하지 않은 덕목일 수도 있어. 오기로 책을 읽었다가 오히려 흥미만 떨어지는 부작용이 나타날 수 있거든.

지금 읽고 있는 책이 너무 재미가 없어? 도대체 무슨 내용인지 모르겠다고? 그런 책을 도대체 왜 읽는 거야? 끈기 있게 그 책을 다 읽으면 무엇을 얻을 수 있을까?

책을 끝까지 읽지 못하는 이유에는 여러 가지가 있어. 우선 그 책이 너무 어렵기 때문이야. 현재의 지적 능력으로는 감당하기 벅찬 거지. 이런 경우라면 억지로 끝까지 책을 읽는다 해도 남는 것이 없어. 독서가 마음의 양식이라지만 이런 독서는 쌀 한 톨의 역할도 하지 못하지. 물론 난해한 책을 읽으려는 시도 자체는 바람직해. 하지만 일단 시작했으니 끝을 보자는 무모함은 버리는 게 좋아. 차라리 쉬운 책을 골라 읽도록 해.

관심 없는 분야의 책이라서 끝까지 읽지 못하는 경우도 많아. 문학에 관심이 많은데, 과학과 수학 서적이 공부에 도움이 되니 읽으라고 하면? 당연히 읽기가 싫겠지. 과학을 좋아하는데, 서양 철학 서적이 사회탐구 영역 준비에 도움이 되니 무턱대고 읽으라면? 그 독서가 신이 나지 않을 거야.

정말로 읽기 싫은 책인데 읽어야 하는 경우라면 어떻게 해야 할까? 이럴 때에 맞는 독서법이 있어. 먼저 책의 목차를 봐. 그중에서 그나마 흥미로워 보이는 부분을 펼쳐 봐. 어? 의외로 재미가 있어? 그럼 또 다른 부분을 찾아 읽어. 예상했던 대로 재미가 없다고? 그러면 그 책을 덮어. 지금은 그 책을 읽을 때가 아닌 거야.

과제를 이행하기 위해 책을 읽어야 한다고? 그럴 때는 싫더라도 책을 끝까지 읽어야 하느냐고? 아니야. 그런 경우에도 과제에 필요한 부분만 집중적으로 보면 돼. 나머지는 당장 읽지 않아도 돼.

내키지 않는 독서는 때로 독이 될 수 있어. 그런 독서가 글쓰기에 도움이 될 수는 없겠지. 책을 끝까지 읽어야 한다는 의무감은 버리는 게 좋아. 독서는 즐겨야 하는 거야. 싫은 책을 영혼 없이 끝까지 읽는 것은 어리석은 일이란다. 그 시간에 다른 책을 읽도록 해.

낭독하며 읽어라

사춘기로 접어든 학생들에게 책을 소리 내서 읽으라고 하면 "에이, 창피하게…"라는 대답이 돌아올 때가 많아. 초등학교 저학년 때까지만 해도 큰 소리로 낭랑하게 책을 읽었는데, 이제 그런 모습은 추억이 돼 버렸지.

십대들은 낭독의 즐거움을 잘 몰라. 낭독은 어린아이들이나 하는 유치한 행동으로 여기지. 그러니 책을 읽으라고 하면 눈으로만 독서를 해. 문제는 이렇게 독서를 하다 보면 문장의 묘미를 느끼지 못한다는 데 있어.

눈으로만 하는 독서는 책의 중요한 부분만 쏙 뽑아 보는 데 도움이 돼. 똑같은 분량의 책을 더 빠른 시간에 읽을 수 있다는 것도 '눈독서'의 장점이지. 읽는 사람에 따라 다르겠지만, 어떤 학생은 눈독서가 책에 몰입하는 데 더 도움을 준다고도 해. 하지만 대체로는 장점보다 단점이 더 많아.

우선 눈으로만 읽다 보니 문장의 감칠맛에 덜 주목하게 돼. 문장은 한 구절, 한 구절 또박또박 읽을 때 그 맛을 제대로 느낄 수 있어. 소리 내어 읽기를 반복하면 문장의 구조를 들여다보는 눈이 생기지.

문장이 어떻게 짜였는지, 얼마나 적확한 단어를 사용했으며 어떤 표현 기법을 썼는지를 알아낼 수 있게 돼. 아름다운 문장과 정갈한 문장을 낭독할 때는 상당한 쾌감을 느껴.

낭독을 반복하면 몰입도도 높아져. 때론 그렇지 않은 경우도 있겠지. 모두가 똑같은 취향은 아닐 테니까 말이야. 하지만 대부분은 낭독을 할 때 집중력이 커져. 몰입도가 높아지면 그만큼 책의 내용을 이해하기도 쉬워지지.

물론 처음에는 낭독하는 습관을 들이는 게 쉽지 않아. 눈으로만 쉽게 책을 읽다가 막상 입을 열려니 더 많이 신경을 써야 하고, 그만큼 에너지도 더 필요하지. 실제로 낭독 습관을 만드는 초기에는 집중력이 더 떨어지는 것처럼 여겨질 수도 있어. 하지만 일단 습관이 들면 낭독의 놀라움을 경험하게 될 거야.

낭독하는 습관이 몸에 배면 자세도 고쳐진단다. 누워서 책을 읽든, 앉아서 책을 읽든 몸이 바로 펴져 있지 않으면 소리가 제대로 안 나. 그러니 낭독하다 보면 자연스럽게 척추가 곧게 펴지지.

책 여백에 메모하라

다산 정약용(1762~1836년)은 '초서(抄書)'라는 독서법을 강조했어. 초서를 쉽게 풀이하자면, 내용을 베껴 쓰면서 책을 읽는 거야. 정약용 선생뿐 아니라 많은 글쓰기 전문가들이 베껴 쓰기가 중요하다고 말하고 있어. 특히 소설가 지망생에게는 좋은 글 베껴 쓰기가 거의 훈련의 필수 코스처럼 돼 있지.

소설가가 될 것도 아닌데, 굳이 글 베껴 쓰기를 할 필요가 있느냐고? 예로부터 모방은 창조의 어머니라고 했어. 소설가가 되지 않더라도 글을 능숙하게 쓰려면 모방하는 훈련을 해 볼 필요가 있지.

눈으로만 책을 읽는다면 초서는 불가능해. 초서는 '손으로 하는 독서'거든. 가능하다면 책을 읽을 때 메모지를 옆에 두도록 해. 책을 읽다가 꼭 기억하고 싶은 내용을 발견하면 메모지에 기록해. 나중에 글을 쓸 때 인용하고 싶은 내용, 혹은 새로 접하게 된 지식도 메모하면 좋겠지. 메모지가 없다면 책의 여백에 메모해도 좋아. 중요한 것은, 그냥 머리로만 대충 이해하고 넘어가서는 안 된다는 점이야.

어떤 학생의 책은 구입한 지 꽤 됐는데도 방금 산 새것처럼 깨끗해. 꼭 그럴 필요가 있을까? 책은 오래 볼수록 손때가 끼는 게 당연해. 책을 제대로 보는 학생이라면 누더기를 만들도록 해. 책의 여백에 깨알같이 메모해. 중요한 내용에는 밑줄을 그어. 형광펜으로 색칠하는 것도 좋은 방법이야.

이런저런 방식을 모두 동원해서 책에 기록을 남겨. 그러면 그 책은 오롯이 자신의 것이 돼. 나중에 책을 펼쳤을 때 종전에 읽었던 기억이 새록새록 되살아나지.

메모하면서 책을 읽는 버릇은 쉽게 만들어지지 않아. 오랜 노력이 필요하단다. 우선 책을 읽는 자세부터 반듯해야 해. 또한 필기구를 늘 손에 쥐고 있어야 해. 눈독서만 하다가 이런 정성을 들이는 게 쉽겠어? 처음에는 힘이 들 거야. 하지만 익숙해지면 자기도 모르게 책을 읽을 때 필기구부터 찾게 된단다.

책을 많이 읽는다면 이와 별도로 '독서 공책'을 만드는 것도 좋아. 독서 공책에는 읽은 책의 줄거리나 교훈, 감상 등을 요약해 적어 넣어. 새로 알게 된 지식도 기록해 두면 공부에도 큰 도움이 돼.

자, 글쓰기에 도움이 되는 독서법에 대해서는 여기까지. 다음은 글쓰기에 도움이 되는 습관을 알아볼게. 그 첫 번째는 메모하기야. 독서법에도 나왔지만, 책을 읽지 않을 때도 메모는 중요해.

메모하는 습관을 들이자

독서할 때만 메모가 필요한 게 아니야. 일상생활에서도 메모는 무척 중요해. 사람의 기억은 오래 가지 못하기 때문이지. 좋은 아이디어가 떠올라서 '나중에 글을 써야지' 하고 생각했는데 하루만 지나도 잊어버릴 때가 많아.

어떤 사람은 밤에 잠을 자려고 누웠을 때 신선한 아이디어가 샘솟는다고 해. '그래. 이거야. 내일 이 스토리로 글을 써야지!' 하고 결심하지. 하지만 다음 날 아침이 되면 아무런 기억이 나지 않아. '내가 벌써 치매에 걸렸나? 건망증인가?' 하고 생각할 수도 있어. 걱정할 필요는 없어. 그런 병과는 아무런 관련이 없으니까. 메모를 안 했으니 기억을 못 하는 것뿐이야.

다행히 기억해 냈다 하더라도 본래 의도가 왜곡되거나 변질될 때도 있어. 90% 정도는 기억이 나는데 핵심인 10% 정도가 기억이 나지 않는 거지. 게다가 그 90%도 원래 뜻과는 다르게 기억돼. 만약 모두 메모해 뒀다면 이런 일은 일어나지 않았을 거야.

첫째, 휴대가 가능한 크기의 메모 수첩을 준비하도록 해. 수첩은 항상 보이는 곳에 두는 게 좋아. 책을 읽을 때만이 아니라 TV를 보다가, 밥을 먹다가, 가족들과 대화를 하다가 괜찮은 생각이 떠오르면 바로 메모를 해.

둘째, 메모를 '당장' 시작해. 미루지 말란 얘기야. 생각나는 아이디어를 먼저 적고, 관련된 생각을 함께 적어 넣어. 생각의 가지가 마구 뻗어 가게 두는 거야. 이런 걸 '브레인스토밍(brainstorming)'이라고 해. 나중에 봐도 핵심을 바로 찾도록 중요한 부분에는 밑줄을 그어 놓아.

셋째, 메모에 좀 익숙해졌다면 다음 단계인 '적극적 메모'를 시작하는 거야. 생각나는 것만 기록하는 게 아니라 아이디어를 더 적극적으로 찾아 메모하는 것이 바로 적극적 메모지. 쉽게 말하자면, 한 편의 글을 완성하기 위해 메모 수첩을 '구상 노트'로 활용하는 거야.

예를 들어 학교 폭력 문제에 대해 글을 쓰겠다고 마음먹었다면? 메모 수첩에 '학교 폭력'이라고 제목을 써넣어. 그다음에는 신문이나 책을 읽을 때, 혹은 아빠 엄마와 얘기할 때, TV에서 관련 프로그램이 방영될 때 신경을 써. 학교 폭력과 관련된 정보가 나오면 수첩에 써넣으면서 작품 구상을 하는 거야.

넷째, 컴퓨터를 활용해서 메모를 저장해. 메모의 양이 많아지면 필요한 정보를 찾기가 쉽지 않아. 그러니 컴퓨터에 관련 폴더를 만들어 옮겨 놓도록 해. 이 작업을 하면서 불필요한 정보는 살짝 지워 버리고, 중요한 것은 더 강조해. 그렇게 하면 내 컴퓨터에 훌륭한 아이디어 저장고이자 정보 창고를 가지게 되는 거야. 흔히 말하는 데이터베이스가 이런 거지, 뭐.

다섯째, 메모를 항상 점검해야 해. 컴퓨터에 저장해 놓기만 하고 열어 보지 않으면 죽은 정보가 되지. 시간이 날 때마다 한 번씩 과거에 만들어 놓은 메모 폴더를 읽어 보도록 해. 물론 그때마다 메모를 추가하거나 삭제하면 더 좋지. 메모의 분량이 많아질수록 지식의 깊이도 깊어지고 통찰력도 커질 거야.

명언과 한자성어를 익혀라

기말고사가 코앞으로 다가왔어. 평소엔 멀쩡하던 학생이 갑자기 배가 아파 병원에 입원하게 됐어. 이 학생은 평소에 공부를 썩 즐겨하는 스타일이 아니었다고 해. 그러니 병원에 입원한 걸 다행이라 생각할 수 있을 거야.

그런데 웬걸. 막상 병원에 입원하니까 은근히 시험이 걱정되기 시작했어. 하루, 이틀, 사흘…. 입원 기간이 길어질수록 불안감이 커졌지. 이러다 영영 공부를 놓치는 게 아닐까 생각하며 빨리 퇴원할 날만 기다렸어. 5일 만에 병원에서 나온 이 학생은 갑자기 미친 듯이 공부하기 시작했어.

기말고사에서 이 학생은 역대 최고의 성적을 거뒀어. 엄마 아빠는 깜짝 놀랐어. 병원에 입원할 때까지만 해도 걱정을 많이 했는데, 오히려 상상하지도 못했던 좋은 결과를 냈잖아?

이 친구가 갑자기 깨달음을 얻어서 공부를 열심히 한 건지, 아니면 다른 이유가 있는 건지는 확실하지 않아. 다만 결과만 놓고 보면 몸이 아파 병원에 입원한 것이 운명을 바꾼 계기가 된 건 확실해. 이럴 때 '불행 중 다행'이라고 하면 되나? 아니야. 이 표현은 어딘가 어색해. 병원에 입원한 건 '불행'이 맞지만, 정신을 차려 공부하게 됐고 그 결과 좋은 점수를 받은 게 '다행'은 아니잖아?

이 학생의 상황을 좀 더 적절하게 표현할 수 있는 말이 있어. 바로 '전화위복(轉禍爲福)'이야. 재앙이나 화가 도리어 복이나 기회로 바뀐다는 뜻이지.

이 학생의 사정을 좀 바꿔 볼까? 두 번째 학생도 앞의 학생과 마찬가지로 평소에 공부에 관심이 없었어. 부모님은 늘 그런 자식을 걱정했지. 기말고사가 코앞으로 다가왔는데도 책을 볼 기미가 보이지 않아. 그러다가 갑자기 몸이 아파 병원에 입원하게 됐어. 이 학생은 입원한 걸 핑계 삼아 푹 쉬기로 했어. 조금이나마 남아 있던 조바심도 싹 사라졌지. 이대로라면 기말고사는 크게 망칠 것 같아.

자식을 바라보는 부모님은 속이 터져. 그렇잖아도 공부를 하지 않아 걱정인데, 입원하는 바람에 아예 공부가 물 건너간 것 같으니까.

이 학생의 아버지는 한숨을 쉬며 혼잣말을 했어.

"멀쩡할 때도 공부시키기 힘든데 입원까지 하다니…. 그야말로 설상가상(雪上加霜)이구나."

설상가상은 눈이 내렸는데, 그 위에 서리까지 내린다는 뜻이야. 나쁜 일, 불행, 화가 겹칠 때 사용하는 사자성어지.

이처럼 상황을 한자성어로 표현하면 느낌이 훨씬 명확해지고 글도 생생해져. 때론 한자성어에 얽힌 유래를 함께 요약해주는 것도 좋아. 명언이나 격언, 속담을 인용할 때 글이 훨씬 풍성하게 보인단다. "시간을 꼭 지켜! 늦으면 안 돼!"라고 말하는 것보다 "시간은 돈! 늦지 마라!"처럼 격언을 인용하면 짧은 분량으로 더 강한 인상을 남길 수 있어.

신문을 읽자

나는 TV를 켤 때마다 채널 수가 100여 개 내외라는 사실에 놀라곤 해. 과거에는 공중파 방송밖에 없었는데, 지금은 종합편성 채널에 스포츠, 영화, 만화, 오락 채널까지…. 많기만 한 게 아니라 다양하기까지 해. 따로 할 일이 없다면 하루 종일 TV만 멍하니 보고 있어도 심심하지 않겠다는 생각을 하곤 하지.

학생들에게 물어보니 주로 스포츠, 영화, 오락 채널을 많이 본다고 하더라고. 특히 오락 채널이 가장 인기가 있는 것 같았어. 혹시 뉴스를 좋아하는지 물어봤어. 역시나 뉴스가 좋다는 학생은 별로 없었어. 공중파 방송을 볼 때도 뉴스 시간이 되면 채널을 돌린다고 했어.

왜 그러는지 이해는 가. 깔깔거리고 볼 수 있는 프로그램도 아니고, 고리타분한 정치 싸움이나 하는 장면이 많이 나오니…. TV 뉴스도 오락 프로그램처럼 재미가 있다면 얼마나 좋을까?

TV 뉴스도 보기 싫어하는데, 신문을 정기적으로 열독하는 학생이 많을 리 없어. 책을 좀 읽는 학생들에게도 신문은 쉽게 접근하기 어려운 대상이야. 깨알 같은 글자가 빽빽하게 차 있으니 고개부터 절레절레 흔들 거야.

신문이 고리타분하니? 그래도 글을 잘 쓰고 싶다면 신문을 자주 읽도록 해. 사회가 어떻게 돌아가는지, 요즘 이슈가 뭔지 알기 위해서 신문을 보라는 게 아니야. 그런 내용은 인터넷만 켜면 언제든지 접할 수 있어. 포털 사이트의 메인 화면에 실시간으로 뉴스가 오르니까. 게다가 신문은 그 전날에 만들어져. 현재 인터넷에 오른 뉴스보다 과거의 소식이지. 그러니 신문을 보라는 이유가 뉴스 때문은 아니야.

신문을 자주 봐야 하는 첫 번째 이유는 바로 '신문의 깊이'에 있어. 인터넷과 달리 신문은 뉴스를 심층적으로 보도해. 인터넷 뉴스가 단순히 사실을 전달한다면 신문 기사는 그 사건이 왜 일어났는지, 앞으로 어떻게 될 것인지 등을 여러모로 분석해.

신문 사설과 칼럼은 특정 주제에 대한 주장을 담은 글이야. 이런 글을 자주 읽으면 사회 이슈에 자신만의 시각을 가질 수 있어. 물론 신문사마다 입장이 다르니 여러 신문사의 칼럼과 사설을 두루 읽을 필요가 있어.

둘째, 신문 기사의 문장은 글쓰기 공부에 아주 큰 도움이 돼. '정확한 글쓰기 교재'라고 해도 과언이 아니야. 왜 그럴까?

신문에서는 가급적 절제된 문장을 써. 현장 기자가 먼저 기사를 쓰면 데스크가 1차로 다듬고, 편집자가 다시 확인하지. 신문 형태로 최종 인쇄를 하기까지 여러 단계를 거쳐 문장을 손봐. 이 과정을 통해 거친 문장이 정확한 문장으로 바뀌는 거야. 그러니 문장을 공부하는 데 신문만큼 좋은 교재가 없는 셈이야.

아무리 좋은 교재라도 가까이 두고 보지 않으면 무용지물이 돼. 이런 사실을 알고 있으면서도 '신문은 딱딱하다'거나 '신문은 고리타분하다'는 선입견 때문에 선뜻 신문을 펴는 게 쉽지 않아. 하지만 글을 잘 쓰고 싶다면 신문을 보도록 해. 매일이 어렵다면 일주일에 두세 번만이라도 보려고 노력해 봐. 신문을 볼 때는 소리를 내서 기사를 읽도록 해. 그래야 기사의 내용도 더 잘 이해하고 좋은 문장을 보는 눈도 생긴단다.

수시로 토론하자

요즘 학생들은 참으로 많은 시간을 공부에 투자해. 학교 공부로도 모자라 학원에서 밤늦게까지 수업을 들어. 인터넷 강의를 듣는 학생도 많아. 그렇게 공부하고 시간이 남았다면? 그 시간에는 숙제를 해야 하지. 정말로 빡빡한 하루가 아닐 수 없어.

이렇게 공부를 많이 하니 학생들의 지식수준이 상당히 높아졌겠지? 하지만 몇몇 뛰어난 학생을 빼면 학생들의 '지혜' 수준은 오히려 과거보다 낮아진 것 같아. 지식은 뛰어난데 지혜가 부족한 셈이지. 지혜는 과거를 돌아보고 현재를 살면서 미래를 계획하는 데 도움이 되는 '살아 있는 지식'을 뜻해. 지식이 지혜로 발전하지 않는다면, 그 지식은 죽어 버린 지식일 뿐이야.

이 죽어 버린 지식은 글쓰기에 도움이 안 될 수도 있어. 물론 설명문이나 논설문을 쓸 때는 이런 지식도 도움이 돼. 하지만 그런 지식은 인터넷이나 책에서 언제든 구할 수 있어. 글쓰기에 정말로 필요한 것은 지혜야. 지혜가 있어야 세상을 바라보는 통찰력도, 조목조목 주장을 펼 수 있는 논리력도, 한쪽에 치우치지 않는 합리성도 얻을 수 있지.

지혜를 갖추는 방법은 여러 가지가 있을 거야. 그중 권하고 싶은 것이 바로 '수시로 토론하기'야. 토론은 사고력의 폭을 넓히는 좋은 수단이야. 토론을 통해 머릿속에만 있는 지식을 진짜 지혜로 바꿀 수 있지. 이 지혜를 활용해 글을 쓰면? 그 글이야말로 창의적이고 논리적인 작품이 될 거야.

토론이란 단어가 나오니 긴장하는 학생들이 있을 텐데, 그럴 필요 없어. 토론이라고 해서 모두 거창한 게 아니거든. 온 가족이 둘러앉아 식사를 할 때 최근 사회 현상을 두고 대화를 나누거나 학교생활에 대한 불만, 칭찬할 점을 엄마 아빠에게 말하도록 해. 그러면 이야기가 이어지지? 그게 바로 토론이야.

토론은 크게 '말하기'와 '듣기'로 나눌 수 있어. 말하기는 자신의 의견이나 주장을 상대방에게 전달하는 거야. 이때는 논설문을 쓸 때 필요한 덕목인 '제대로 주장하기' 원칙을 지켜야 해. 핵심 내용을 합리적으로 주장하되 절제해야 하지. 다른 사람을 함부로 공격해서도 안 돼.

논설문은 글이지만 토론은 말로 하는 것이므로 '조리 있게 말하기'가 필요해. 머릿속의 생각을 생각나는 대로 마구 쏟아내지 마. 한 번 더 생각한 뒤에 말하는 게 좋아. 우물거려서도 안 돼. "음…"이나 "그런데…" 혹은 "있잖아…", "저기…"와 같은 말은 불필요해. 속도가 조금 느리더라도 완벽한 문장 형태로 말해야 해.

논리적으로 말하는 습관이 갖춰지면 논리적인 글쓰기가 가능해져. 그러니 아빠와 사소한 대화를 하더라도 진지한 주제라면 진지하게 임하도록 해. 일상생활 자체가 즐거운 학습장이 된다는 사실, 잊지 마.

듣기는 다른 말로 '경청'이라고 해. 경청이야말로 토론에서 정말 중요한 덕목이야. 상대방의 이야기를 진심으로 들어야 해. 그래야 사고의 폭이 커져. 나와 다른 생각을 접하면서 새로운 지식을 얻고 삶의 지혜도 얻을 수 있지. 열린 마음이 필요해. 이야기를 듣는 척하면서 속으로는 '저 사람 이야기를 어떻게 비판하지?'라고 생각하고 있다면 그 토론은 의미 없는 말잔치에 불과하단다.

요약해서 말하자

외출했던 부모님이 집에 들어왔어. 우당탕. 후닥닥. 거실에 있던 아이들이 바쁘게 움직여. 형은 제 방으로 들어가 책을 보는 시늉을 하고 동생은 거실 여기저기를 배회해. 엄마는 아이들이 딴짓을 하고 있었다는 사실을 직감하지. 엄마가 아이에게 이렇게 물어.

"너희들, 뭐 하고 있었어? 또 인터넷 게임 했지?"

동생은 꿀 먹은 벙어리처럼 아무 말도 못 하고 큰 눈만 깜박여. 반면 형은 억울하다는 듯 짐짓 언성을 높이지.

"무슨 소리예요? 지금까지 공부하다가 잠시 쉰 건데…."

어느 쪽 말이 맞는지는 컴퓨터를 만져 보면 알아. 뜨뜻하다면 바로 직전까지 컴퓨터를 사용했다는 증거일 테니까. 엄마가 증거를 들이밀면서 "엄마가 외출해 있는 4시간 동안 뭘 했는지 이야기해 봐!"라고 한다면? 물론 머리가 비상하게 돌아가는 학생이라면 4시간의 행적을 제대로 이야기할 거야. 하지만 대부분 학생은 그러지 못해. 이 때문에 엄마는 아이들이 4시간의 대부분을 인터넷 게임에 허비했다고 단정해 버려.

만약 평소에 이야기를 요약해 보는 습관이 있었다면? 아마 이 형제는 "4시간 중 3시간은 공부를 했고, 나머지 1시간 중에서 40분만 인터넷 게임을 했다. 컴퓨터는 30분만 사용해도 뜨거워진다"고 말할 수 있었을 거야. 그랬다면 엄마로부터 억울한 꾸지람은 안 당해도 됐겠지.

또 다른 사례. 캠프에 다녀온 아이에게 엄마가 "캠프 생활 어땠어?"라고 물었어. 아이가 대답해.

"재미있었어요."

엄마가 다시 정색하고 물어.

"그러지 말고 자세히 얘기해 봐."

아이가 당황하는 눈치야. 아이는 망설이다가 입을 열어.

"음… 4시 정도에 거기에 도착해서, 운동장에 모여서, 놀았고, 그리고… 저녁에는 모둠 활동을 했고, 또… 밥은 맛이 없었어요. 장기자랑을 했는데, 1반이 정말 잘해서… 그리고 또 뭐가 있더라. 잘 기억이 안 나요. 그러다 잠을 잤어요."

불과 하루 전의 일을 어쩌면 저리도 요약하지 못할까. 엄마는 복장이 터져. 그러나 왜 아이가 그렇게 됐는지는 생각하지 않아. 평소에 요약하는 훈련을 안 했기 때문이란 사실을 엄마도 깨닫지 못하는 거야.

책을 읽거나, 영화를 보거나, TV 드라마나 오락 프로그램을 보거나, 친구들과 놀거나, 공부를 하거나 이 모든 행동에는 이야기가 담겨 있어. 우리나라 학생들은 대체로 그 이야기를 요약해 말하는 능력이 떨어져. 평소에 훈련을 하지 않기 때문이지.

요약하는 습관이 생기면 내용을 전체적으로 파악할 수 있어. 물론 글쓰기에도 큰 도움이 돼. 머릿속에 이야기 흐름을 그릴 수 있기 때문이야.

요약하는 훈련을 하려면 단 하나의 원칙만 기억해 둬. 짧은 문장으로 뚝뚝 자르듯이 말하라! 이렇게 해야 문장을 말하면서 다음 문장을 미리 준비할 수 있거든. 캠프를 다녀온 학생이 이런 훈련을 했다면 다음처럼 말했을 거야.

"4시 정도에 수련장에 도착했어요. 먼저 운동장에서 단체 놀이를 했어요. 그다음 저녁 식사를 했어요. 밥은 정말 맛이 없었어요. 식사 후에는 모둠 활동을 했어요. 장기자랑을 했는데 1반이 가장 잘했어요. 그다음은 개인 자유 시간이었어요. 친구들과 방에서 베개 싸움 놀이를 했어요. 취침 시간은 9시 30분이었어요. 더 놀고 싶었어요. 아쉬웠지만 규칙을 지켜야 하니 잠을 잤어요."

글쓰기 날을 정하라

글쓰기 실력을 키우는 원리를 건강을 지키는 원리와 비교해 볼 수 있어. 건강을 지키려면 일주일에 세 번 이상 운동을 해 주는 게 좋아. 매번 운동할 때마다 최소한 30분 이상 걷거나 달려야 심폐지구력이 좋아지지. 이런 식으로 꾸준히 운동하면 체력이 좋아져. 근력 운동을 해 주면 몸에 근육도 쑥쑥 붙지.

악기 연주와도 비교할 수 있어. 기타 같은 악기도 잘 다루려면 꾸준히 연마해야 해. 한 줄 한 줄 튕기는 법도 배워야 하고, 6개의 줄을 한꺼번에 치는 스트로크도 익혀야 하지. 코드를 빠르게 이동하려면 왼손가락을 자유자재로 구사할 수 있어야 해. 매일 여유 시간이 생길 때마다 연습하는 게 좋겠지. 그래야 악기를 다루는 '악기 체력'이 생기니까 말이야.

마찬가지로 좋은 글을 만들려면 '글 체력'을 키워야 해. 어떻게 해야 할까?

무엇보다 꾸준한 연습이 필요해. 그래야 '근력'도 붙고 '지구력'도 생기거든. 가능하다면 매일 한두 시간씩 글을 완성해 보는 훈련을 해. 현실적으로 불가능하다고? 학원도 가야 하고, 학원 숙제도 많고⋯. 좋아. 그럼 현실적인 해법을 찾아보자고.

우선 글 쓰는 날을 정하는 게 중요해. 여유가 좀 있다면 매달 1일과 6일, 11일, 16일, 21일, 26일⋯ 이런 식으로 5일마다 짧은 글이라도 완성하는 게 좋아. 이렇게 하면 한 달에 6편의 글을 쓸 수 있지. 일 년이면 72편의 글이 쌓이는 거야.

이마저도 시간을 내기 어렵다고? 그렇다면 글 쓰는 요일을 정하는 건 어떨까? 매주 하루를 정해 글을 쓰는 거야. 비교적 여유가 있는 토요일이나 일요일이 좋겠지. 그렇게 하면 한 달에 4편의 글을 완성할 수 있어. 이마저도 어렵다면 매달 1일과 11일, 21일처럼 10일마다 한 번씩 글을 쓰도록 해. 이 경우 한 달에 최소 3편의 작품을 만들 수 있어.

글 쓰는 날을 정하는 이유는 '습관'을 들이기 위해서야. 그러니 한 달에 3편 쓰기부터 시작해도 무방해. 가장 중요한 것은 빠뜨리지 않고 반드시 날을 지켜 쓰는 거지. 글을 쓰는 시간은 30분 정도에서 시작해서 1시간, 2시간으로 늘리는 게 좋아.

인터넷 용어를 덜 써라

중국 식당에 가면 메뉴판을 앞에 놓고 끙끙 고민하는 사람들을 흔히 볼 수 있어. 여러분 중에도 분명히 있을 거야. 짜장면을 먹을 것이냐 짬뽕을 먹을 것이냐. 그러다 보니 아예 그릇을 반으로 나눠 짜장면과 짬뽕을 모두 내 오는 '짬짜면'이란 메뉴도 있더군.

언젠가 중국 식당에서 옆 테이블에 있는 학생이 이렇게 말하는 걸 들었어. 그때는 그냥 피식 웃었는데 지금 생각해 보니 글쓰기와도 관련이 있는 것 같아 인용해 볼게.

"짜장면을 너무 먹고 싶어. 그런데 짬뽕도 먹고 싶어. 뭘로 고르지? 둘 다 먹을 수 있으면 개이득일 텐데⋯."

우리가 일상적으로 하는 이 말을 글로 썼다고 생각해 봐. 좀 이상하지? 이 청소년의 말에는 문법에 어긋나는 표현, 얼마 전까지 문법적으로 틀렸던 표현, 글에 써서는 안 되는 저속한 표현, 다소 지나친 입말(구어)이 모두 들어 있거든.

얼마 전까지만 해도 '짜장면'은 문법적으로 옳은 표현이 아니었어. 문법적으로 옳은 표현은 '자장면'이었지. '너무'는 부정적인 뜻일 때만 썼어. '너무 싫다'처럼 말이지. 그런데 최근에는 '짜장면'이 표준어로 지정됐고, '너무'는 부정적일 때뿐 아니라 긍정적 의미에 사용할 수 있도록 바뀌었어. '너무 좋다'도 이젠 문법적으로 옳은 표현이 된 거야.

사실 표준어 규정은 이해하기가 쉽지 않아. '짬뽕'도 현재는 표준어가 아니란다. 짬뽕의 표준어는 '초마면'이야. '짬뽕'은 일본어가 변형된 표현으로 규정돼 있어. 사람들은 모두 '짬뽕'이라고 하는데, 국문법은 그런 현실을 반영하지 못하는 거야. 참으로 난감한 상황이 아닐 수 없어. 이미 모든 사람들이 쓰는 언어인데…. '짜장면'이나 '너무'처럼 '짬뽕'도 표준어가 되는 게 옳지 않나 싶어.

'개이득'은 요즘 청소년들이 쓰는 은어나 속어야. 이익이 크다는 뜻인데, 글에 이런 저속한 표현을 써서는 안 돼. '정말 좋을 텐데' 정도로 고치면 어떨까?

이 '개이득'이란 표현만 문제가 되는 건 아니야. '졸라', '핵꿀잼', '노잼', '존잘' 같은 정체불명의 언어가 청소년들의 글에 꽤 많이 등장해. 심지어 'ㅅㅅ', 'ㅠㅠ' 같은 이모티콘까지 등장하지. 인터넷 용어에 익숙하다 보니 거부감 없이 이런 단어나 이모티콘을 글에 사용하는 거야. 심지어 이런 은어를 표준어라고 생각하는 청소년도 있어.

이런 단어나 이모티콘이 들어 있는 글은 읽는 독자가 기분이 좋을 리 없어. 나 또한 이런 글은 읽고 싶지 않아. 글을 읽는 도중에 이런 게 튀어나오면 읽기를 멈추고 싶지. 인터넷에서 즉흥적으로 오가는 용어는 글에 아예 쓰지 않는 게 좋아. 그런 용어가 들어가는 순간, 글의 품격이 확 떨어지니까.

앞의 말에서 '뭘로'는 입말이야. 틀린 표현은 아니야. 다만 공식적인 글이라면 표현을 바꿔 주는 게 좋아. 이를테면 '무엇으로'가 훨씬 공식적으로 보이지.

2장

10주,
글쓰기 완전 정복

문장은 모든 글쓰기의 기본입니다.
소재와 주제를 무엇으로 할 것이고,
단락 구성은 어떻게 할 것이며,
여러 표현 기법 중 어떤 것을 쓸 것인지…
이런 고민도 물론 중요합니다.
하지만 제대로 된 문장을 만들지 못한다면
다 무용지물이지요.
글쓰기의 기본인 문장을 충분히 이해하고,
제대로 만드는 훈련부터 하는 겁니다.
자, 시작할 준비가 됐나요? 여기에 나오는
10주 프로젝트를 그대로 따라 해 보세요.
어렵지 않아요.
예문을 충분히 활용하면서 글을 쓰다 보면
어느새 '글쓰기의 달인'이 돼 있는 자신을 발견할 거예요.

10주완성

1주

문장
만들어
보기

과 제

01 자유롭게 문장 20개 만들기

02 그 문장에서 주어와 서술어 호응 확인해 밑줄 긋기

03 조사 바꿔 달라진 문맥 확인하기

04 꾸밈말 집어넣어 문장 풍성하게 하기

글의 기본은 문장이야. 문장을 능숙하게 만들 수 있어야 글도 잘 쓸 수 있어. 첫 주에는 이 문장을 만들어 보는 훈련을 할 거야. 동시에 문장을 만들 때 필요한 요소도 알아 둬야 해. 문장 구조를 어느 정도 뜯어 볼 줄 알면 더 좋겠지?

첫 일주일간 네 가지 과제를 이행하도록 해. 너무 많은 시간을 투자할 필요는 없어. 매일 1시간씩만 따로 시간을 내면 될 거야. 이렇게 총 7시간만 쏟아도 기본적인 문장은 자유자재로 만들 수 있어.

예시

01 나는 축구를 좋아한다.

그는 수영을 싫어한다.

축구는 활력이 넘친다.

02 나는 축구를 좋아하고 그는 수영을 싫어한다.

    나는 활력이 넘치는 축구를 좋아한다.

03 나는 축구만 좋아하고 그는 수영도 싫어한다.

    나도 축구를 좋아하고 그도 수영을 좋아한다.

04 나는 축구를 아주 좋아하고 그는 힘든 수영을 싫어한다.

    나는 화려한 축구를 너무나 좋아하고, 그는 수영을 죽는 것만큼 싫
    어한다.

01 _____

02 _____

03 _____

04 _____

    _____

    _____

문장 20개 자유자재로 만들기

〈예시〉처럼 쉽게 과제를 이행했어? 그렇다면 1주차 프로젝트를 진행하는 데 큰 어려움이 없을 거야. 지금부터 하는 설명은 가벼운 마음으로 읽어도 돼.

하지만 과제 이행에 애를 먹었다면 지금부터 하는 이야기를 정말로 주의 깊게 들어야 해. 지금부터 할 이야기가 글쓰기의 가장 기본인 '문장 만들기'에 관한 것이라서 그래. 고급 문장을 만들려면 그 전에 기본적인 문장을 능수능란하게 만들 줄 알아야 해.

그러니 무턱대고 문장을 만들려고 해서는 안 돼. 낯선 개념이 나왔다면 이해하고 가는 게 좋지. 개념을 이해하지 못하고 대충 문장만 만드는 것은 좋지 않은 습관이야. 그런 습관은 모래에 성을 쌓는 것과 비슷해. 튼튼한 토대가 없는 모래성이 쉽게 무너지듯이 기초가 튼튼하지 않은 글쓰기도 얼마 지나지 않아 도로아미타불이 돼 버릴 수 있거든.

〈과제 01〉을 이행하려면 '문장 짜임새'부터 이해해야 해. 만약 로봇이나 블록 장난감을 조립하는데, 어딘가 이상한 점을 발견했다고 가정해 봐. 그 로봇이나 블록 장난감이 어떤 구조인지를 안다면 쉽게 수정할 수 있을 거야. 하지만 로봇이나 블록 장난감의 짜임새를 모른다면 수정이 불가능해. 섣불리 고치려 했다가 자칫 완전히 망칠수도 있지.

문장도 마찬가지야. 문장의 구조, 즉 짜임새를 이해하지 못하면 잘못된 문장을 만들어도 눈치챌 수 없어. 그래서 문장을 잘 만들려면 반드시 문장 짜임새부터 이해해야 하는 거야.

주어와 서술어 호응시키기

이제 〈과제 02〉를 이행하도록 할까? 그러기 위해서는 문장 속의 주어와 서술어를 서로 호응시키는 방법을 알아 둬야 해.

주어와 서술어는 서로가 서로를 필요로 해. 부부와 비슷하지. 남편이 있으면 아내가 있고 아내가 있으면 남편이 있듯이, 주어와 서술어는 항상 같이 있어야 해. 주어와 서술어를 호응시키지 않으면 문장이 자연스러워지지 않아. 문제점을 정확하게 짚어 내지 못하더라도 어딘가 어색하다는 느낌을 지울 수 없어.

이제 문장의 짜임새를 이해할 수 있지? 당연히 주어와 서술어를 구분할 수 있을 거야. 그렇다면 어딘가 어색한 문장을 발견했을 때 꼭 뜯어 봐. 주어와 서술어가 서로 호응하지 않는다는 사실을 발견하게 될 거야.

주어와 서술어를 서로 호응시키는 것 또한 문장 만들기의 기본이라고 할 수 있어. 그런데도 의외로 많은 학생들이 이 기본을 어기고 있지. 물론 본인은 자기가 그렇게 하고 있다는 사실을 잘 인식하지 못해. 인식하지 못하니 고치기도 어려울 수밖에 없어. 우선 다음 두 문장을 봐.

소년이 달린다.

→ 주어(소년이) + 서술어(달린다) 구조로 돼 있다.

세상은 정말로 아름답다.

→ 주어(세상은) + 부사어(정말로) + 서술어(아름답다) 구조로 돼 있다.

주어와 서술어를 금방 찾을 수 있지? 아마도 이 정도는 누워서 떡 먹기였을 거야. 이처럼 짧고 구조가 간단한 문장에서는 주어와 서술어를 찾는 게 어렵지 않아. 그 누구도 '소년을 달린다'거나 '세상을 아름답다'는 식으로 문장을 만들진 않을 거야.

그렇다면 문장이 조금 복잡해져도 쉽게 주어와 서술어를 찾을 수 있을까? 겹문장에는 주어와 서술어가 여러 개 있어. 각각의 주어가 자기 옷에 맞는 서술어와 호응하고 있는지, 아니면 엉뚱한 서술어에다 "내가 너의 주어야!"라며 들이대고 있는지 확실하게 구분해야 해.

이 구분을 제대로 못 하면 문장이 어색해져. 특히 설명문이나 논설문에 쓰는 문장이 이런 경우가 많은데, 안타깝게도 그 문제점을 인식하지 못하는 학생이 많아. 다들 '문체가 딱딱해서 그런가?'라고 생각할 뿐, 주어와 서술어가 제대로 호응하지 않는다는 생각은 하지 못하지. 다음 문장을 봐. 혹시 문제점이 보이니? 안 보인다고? 다시 한 번 찬찬히 읽어 봐.

주목 나무에서 나오는 독성 물질은 치명적이지만 이 물질에서 항암 치료제의 원료를 추출하는 데 사용한다.

문제점을 찾았어? 못 찾았다고? 힌트! 당연히 눈치챘겠지만 주어와 서술어의 호응이 잘못됐어. 이제 문제를 찾았어? 그래도 못 찾겠다고? 그렇다면 다음 문장을 봐.

① 주목 나무에서 나오는 독성 물질은 치명적이지만 과학자들은 이 물질에서 항암 치료제의 원료를 추출하는 데 사용한다.
→ 문장1(~독성 물질은 치명적이다)과 문장2(과학자들은~사용한다)가 이어진 문장이다. 문장2의 주어(과학자들은)가 생략돼 있었다. 문장2의 주어를 서술어(사용한다)와 호응시켰기 때문에 문장이 한결 자연스러워졌다. 그래도 어딘가 어색하다.

② 주목 나무에서 나오는 독성 물질은 치명적이지만 과학자들은 이 물질에서 항암 치료제의 원료를 추출하는 데 이 물질을 사용한다.
→ 문장2의 부사구(이 물질에서)는 서술어(사용한다)의 목적어(이 물질을) 역할을 한다. 목적어를 생략할 수 없으므로 '이 물질을'을 추가해야 한다. 그래도 역시 어색하다.

③ 주목 나무에서 나오는 독성 물질은 치명적이지만 과학자들은 항암 치료제의 원료를 추출하는 데 이 물질을 사용한다.

→ 문장2에 원래 있던 부사구(이 물질에서)를 삭제했다. 비로소 문장이 자연
   스러워졌다.

원래 문장보다는 ①번 문장이, ①번 문장보다는 ②번 문장이, ②
번 문장보다는 ③번 문장이 낫지? ③번 문장에 이르러서 주어와 서
술어가 완벽히 호응하고 있어. 다른 문장 성분들도 제자리를 찾았
어. 여기에서 한 걸음 더 나아가 볼까? 누가 봐도 이런 연구는 과학
자들이 하는 것인데, 굳이 '과학자들이'를 주어로 넣고 싶지 않을 수
도 있어. 주목 나무에서 나온 '독성 물질'에 초점을 맞추고 싶을 수도
있지.

영어에서는 사람뿐 아니라 사물도 자주 주어로 나와. 반면 한국어
에서는 대체로 사람을 주어로 쓰지. 하지만 반드시 그래야 하는 건
아니야. 사물을 강조하고 싶을 때는 그 사물을 주어로 쓸 수도 있어.
앞 문장을 다시 다음처럼 바꿔 보면 어떨까?

④ 주목 나무에서 나오는 독성 물질은 치명적이지만 (이 독성 물질은) 항
   암 치료제의 원료를 추출하는 데 사용된다.
→ 문장1의 주어(독성 물질은)와 문장2의 주어를 일치시켰다. 그 결과 문장
   2의 주어는 생략되었고, 문장2의 서술어는 '사용한다'에서 '사용된다'로
   바뀌었다.

⑤ 주목 나무에서 나오는 독성 물질은 치명적이지만 (이 독성 물질은) 항

암 치료제의 원료로 사용된다.

→ 문장을 조금 더 줄여 단출하게 만들었다.

이제 자연스러운 문장을 만들려면 무엇보다도 주어와 술어의 호응 관계를 잘 살펴야 하는 이유를 알겠지? 어렵다고? 아니야. 연습을 조금 더 해 봐. 그러면 훨씬 쉬워질 거야. 다른 예문을 볼까? 이번에도 설명문이나 논설문에서 볼 법한, 좀 딱딱한 내용의 문장을 골랐어.

복숭아는 유기산을 많이 담겨 있어 담배를 피울 때 생기는 독성 물질이 제거된다.

이 문장에서 이상한 부분을 찾았어? 앞에서 충분히 배웠으니까 어느 정도는 알 수 있을 거야. 함께 문제점을 찾아볼까? 일단 문장 짜임새부터 분석해 보자고.

'복숭아는 유기산을 많이 담겨 있다'와 '담배를 피울 때 생기는 독성 물질이 제거된다'가 '~어서'로 연결된 이어진문장이야. '담배를 피운다'는 문장은 부사절, '~생긴다'는 문장은 독성 물질을 꾸미는 형용사절이지. 이 부사절과 형용사절은 '독성 물질이 제거된다'는 문장이 안은 안긴문장이야.

이 하나의 문장 안에 정말로 많은 문장이 들어 있지? 그래서 주어와 서술어를 호응시키는 게 쉽지 않은 거야. 이 문장도 실제로 주어와 서술어의 호응에 실패했지. 다음처럼 고쳐야 해.

① 복숭아는 유기산을 많이 담고 있어 담배를 피울 때 생기는 독성 물질을 제거한다.

→ 문장1(복숭아는~담고 있다)과 문장2(복숭아는~제거한다)의 이어진문장으로 정리했다. 주어는 '복숭아'로 일치하기 때문에 문장2에선 생략했다.

② 복숭아에 많이 담긴 유기산은 담배를 피울 때 생기는 독성 물질을 제거한다.

→ 문장1(유기산은~독성 물질을 제거한다)이 문장2(복숭아에 많이 담겼다)를 안은문장이다. 주어는 '복숭아'가 아니라 '유기산'이다.

자, 다음은 우리가 일상적으로 사용하는 문장들이야. 주어와 서술어가 일치하고 있는지 한번 맞혀 봐.

① 왕이 바보가 되어 버렸어.
② 그는 훌륭한 작가가 아니야.
③ 친구 목소리가 힘이 빠져 있어.
④ 네가 나쁜 길로 접어들다니, 내가 잘못이 크다.

모두 주어와 서술어가 일치하지 않는다고? 어? 심지어 주어가 2개인데 서술어가 하나뿐인 문장도 있다고? 아니야. 넷 다 올바른 문장이란다. 좀 어리둥절하지?

우리말에는 보어라는 것이 있어. 보어는 주어와 서술어만으로는 뜻이 완벽하지 않을 때 등장하는 수식어야. 주로 '~되다'나 '~아니다' 앞에 쓰는데, 그렇지 않은 경우도 있어. 다음 4개의 예시는 모두 보어를 사용한 문장이야.

① 왕이 바보가 되어 버렸어.

→ 주어(왕이) + 보어(바보가) + 서술어(되어 버렸어)의 구조다.

② 그는 훌륭한 작가가 아니야.

→ 주어(그는) + 관형어(훌륭한) + 보어(작가가) + 서술어(아니다)의 구조다.

③ 친구 목소리가 힘이 빠져 있어. (친구 목소리에 힘이 빠져 있어.)

→ 주어(친구 목소리가) + 보어(힘이) + 서술어(빠져 있어)의 구조다. 괄호 안처럼 표현하는 것도 상관없다. 괄호 안의 문장은 부사어(친구 목소리에) + 주어(힘이) + 서술어(빠져 있어)의 구조다.

④ 네가 나쁜 길로 접어들다니, 내가 잘못이 크다. (나의 잘못이 크다.)

→ 문장(네가 나쁜 길로 접어들다니)은 부사절이다. 나머지는 주어(내가) + 보어(잘못이) + 서술어(크다)의 구조다. 괄호 안처럼 표현해도 된다. 괄호 안의 문장은 관형어(나의) + 주어(잘못이) + 서술어(크다)의 구조다.

조사 적절히 사용하기

"같은 말이라도 아 다르고 어 다르다"는 우리 속담이 있어. 똑같은 이야기 같지만 표현이 약간만 바뀌어도 뜻이 달라진다는 의미를 담고 있지. 속담은 아니지만 종종 "토씨 하나만 바꿨을 뿐인데 뜻이 확 달라졌다"고 말하기도 해. 이 '토씨'가 바로 조사야.

조사는 적절히 사용한다면 미묘한 감정을 잘 전달하는 좋은 도구야. 이 조사 하나로도 영어와 우리말의 묘한 차이를 느낄 수 있어. 영어엔 조사가 없거든. 다음 문장을 봐.

① I love you.

→ 조사가 없다. 애초에 주격 대명사(I)가 '나는'이란 뜻을, 목적격 대명사
   (you)가 '당신을'이란 뜻을 담고 있다.

② 나는 너를 사랑해.

→ 주격 조사(~는)와 목적격 조사(~를)가 사용됐다. 우리말은 영어와 달리
   대명사(나, 당신)는 그대로 두고 조사만 변화시킨다.

영어권에서는 조사에 대해 고민할 필요가 없어. 그 대신 부사를 사용해서 미묘한 느낌의 변화를 주지. 앞의 예문을 이용해 뜻에 살짝 변화를 줘 봤어. 영어와 우리말을 비교해서 보도록 해.

① Only I love you.

나만 너를 사랑해.

→ 영어에서는 나를 강조하기 위해 only를 사용한다. 우리말에서는 주격 조사(~만) 하나만 고침으로써 뜻이 미묘하게 변했다. (다른 사람은 널 사랑하지 않아. 나만 널 사랑한다고!)

② I also love you.

I love you, too.

나도 너를 사랑해.

→ 영어에서는 주어를 강조하기 위해 also를 썼다. 우리말에서는 주격 조사(~도)만 고쳐서 뜻을 바꿨다. (다들 너를 사랑해. 물론 나도 그중의 한 명이야.) 상대방이 "사랑해"라고 말했을 때 답해 주려면 영어에서는 too를 사용한다. 우리말에서는 주격 조사(~도)로 같은 뜻을 표현할 수 있다. (네가 나를 사랑한다고? 나도 널 사랑해.)

③ I love you only.

나는 너만 사랑해.

→ 영어에서는 너를 강조하기 위해 only의 위치를 바꾸었다. 우리말에서는 목적격 조사 하나만 바꿈으로써 뜻을 바꿨다. (난 다른 사람을 사랑하지 않아. 오로지 너만 사랑한다고!)

④ I also love you only.

→ 나와 너, 모두를 강조하기 위해 영어에서는 also와 only를 모두 썼다. 우리말에서도 조사 2개를 모두 변화시켰다. 뜻이 바뀌었다. (다른 사람들도 오로지 너만 사랑해. 나? 물론 나도 너만 사랑하지!)

어때? 조사가 크게 드러나진 않지만 상당히 중요한 역할을 하지? 조사를 자유자재로 다룰 줄 알면 말과 글의 미묘한 차이를 마음대로 요리하는 것과 같아. 그러니 이제부터라도 조사를 대충대충 쓰지 마. 더불어 조사를 제대로 쓰려는 노력도 게을리해서는 안 돼. 다음 글을 볼까?

① 민준이와 말다툼했다며? 애들이 수군대더라. 진로 체험할 장소를 선정하던 중에 서로 의견이 달라서 언성이 높아졌다고 들었어. 도대체 왜 그런 거야?

② 친구들 말로는 서로 가고 싶어 하는 장소가 달랐다면서? 민준이는 법원으로 가자고 했고, 넌 병원으로 가자고 했다던데…. 난 네가 민준이보다 적절했다고 생각해.

밑줄 친 문장에서 조사를 찾아 한두 개 바꿔봤어. 그 결과, 글의 내용이 다음처럼 달라지지.

① 나만은 네가 민준이보다 적절했다고 생각해.

→ 애들은 대체로 민준이 편을 들더라. 그래도 나는 네 편이야.

② 나도 네가 민준이보다 적절했다고 생각해.
→ 다른 애들도 다 네 편이야. 물론 나도 네 편이지.

③ 난 너도 민준이만큼 적절했다고 생각해.
→ 너나 민준이 어느 한쪽이 더 낫다고 할 수 없을 만큼 둘 다 적절했다는 게 내 생각이야.

④ 나도 네가 민준이만큼 적절했다고 생각해.
→ 민준이 못지않게 너도 적절했다고 말하는 애들이 있는데, 나도 같은 생각이야.

이제 조사를 적재적소에 맞춰서 제대로 써야겠다는 생각이 들지? '내가' 뭘 하는 것과, '나도' 뭘 하는 것, 그리고 '나만' 뭘 하는 것은 하늘과 땅만큼이나 차이가 있다는 사실을 꼭 기억해.

지금까지 살펴본 조사는 주격(~은, ~는, ~이, ~가)과 목적격(~을, ~를)이었어. '~만'이나 '~도'는 양쪽 모두 사용할 수 있는 특수 조사야. 이외에도 다른 조사가 있는데, 마저 알아볼까?

① 나는 당신의 마음을 사랑한다.
→ '~의'는 소유를 나타내는 조사다.

② 나는 당신과 그녀를 사랑한다.

→ '~과', '~와'는 병립을 나타내는 조사다.

③ 나는 서울에 사는 당신을 사랑한다.

→ '~에', '~에서'는 장소를 나타내는 조사다.

마지막으로 한 가지 더 알아둘 게 있어. 소유격 조사를 너무 많이 사용하지 말 것. 소유를 나타내는 조사 '~의'가 반복해서 나오면 문장이 부자연스러워지거든. 다음 문장처럼 말이야.

① 진구의 가방의 색깔은 파랑이다.

→ 진구 가방의 색깔은 파랑이다.

　진구 가방 색깔은 파랑이다.

② 우리 학교의 담장의 벽에는 아름다운 벽화가 그려져 있다.

→ 우리 학교 담장의 벽에는 아름다운 벽화가 그려져 있다.

　우리 학교 담장 벽에는 아름다운 벽화가 그려져 있다.

③ 명희의 목소리의 떨림이 느껴졌다.

→ 명희 목소리에서 떨림이 느껴졌다.

고친 문장이 훨씬 자연스럽지? 소유격 조사를 두 번 써야 할 상황이라면 되도록 하나로 줄이도록 해. 때로는 소유격 조사 자체를 빼 버리는 것도 나쁘지 않아. ③번 문장을 보면 알겠지만, 소유격 조사를 남발해서는 안 돼. '명희의 목소리'까지는 좋은데, '목소리의 떨림' 은 조금 어색해 보이지 않니? '목소리에서 떨림'으로 바꾸는 게 훨씬 자연스러워.

꾸밈 관계 명확히 하기

주어와 서술어가 서로 호응하도록 하는 건 문장 만들기의 기본 중 하나잖아? 꾸며 주는 말과 꾸밈을 받는 말도 마찬가지야. 꾸며 주는 말과 꾸밈을 받는 말을 서로 잘 어울리는 한 쌍처럼 보이게 문장을 만들어야 해. 그렇게 하려면 꾸며 주는 말의 위치에 신경을 써야 한단다. 다음 사례를 보면 무슨 말인지 이해할 수 있을 거야.

① 항상 나는 네가 불우한 이웃을 돕는다는 사실을 알고 있어.
→ 네가 불우한 이웃을 돕고 있다. 그런 사실을 나는 항상 알고 있다.

② 나는 네가 항상 불우한 이웃을 돕는다는 사실을 알고 있어.
→ 좀처럼 상황이 개선되지 않아 항상 불우한 이웃들이 있다. 그런 이웃을 네가 돕고 있다. 나는 그런 사실을 알고 있다.

③ 나는 네가 불우한 이웃을 항상 돕는다는 사실을 알고 있어.

→ 불우한 이웃들이 있다. 네가 그들을 항상 돕는다. 나는 그런 사실을 알고 있다.

부사어인 '항상'이 어디에 있느냐에 따라 뜻이 많이 달라지지? 그러니 정확한 문장을 만들려면 부사와 부사어를 어디에 둘지 잘 생각해야 해.

사실 부사(부사어)만큼 문장에서 감미료 역할을 하는 것도 없어. 부사를 잘 사용하면 신나는 문장을 만들 수 있어. 그냥 '달린다!'보다 '씽씽 달린다!'가 훨씬 신이 나지. 부사를 사용할 때 가장 기본적인 것은 무엇보다 정확한 위치에 두는 거야. 당장은 이 훈련을 더 하는 게 좋아. 부사가 꾸며 주는 말이 명확하지 않으면 문장이 애매모호해질 수 있어. 그런 의미에서 한 번 더 같은 훈련을 해 볼까? 다음 문장도 비교해 봐.

① 진로 탐색 과제를 진심으로 잘 이행하려면 원하는 직업에 대한 조사부터 해야 한다.

→ '진심으로'가 '이행하려면'을 꾸민다. '진로 탐색 과제를 허투루가 아닌 진심으로 이행하려면'이란 뜻이 된다.

② 진로 탐색 과제를 잘 이행하려면 진심으로 원하는 직업에 대한 조사부터 해야 한다.

→ '진심으로'가 바로 뒤에 있는 '원하는'을 꾸민다. '과제를 잘 이행하려면 여러분이 진짜로 원하는 직업에 대해 조사하라'는 뜻이 된다.

③ 진로 탐색 과제를 잘 이행하려면 원하는 직업에 대한 조사부터 진심으로 해야 한다.

→ '진심으로'가 '해야 한다'를 꾸민다. '조사를 건성건성이 아니라 진심으로 하라'는 뜻이 된다.

부사를 제대로 사용한 것 같은데 문장이 이상해 보일 때가 있어. 왜 그럴까? 다음 문장을 읽어 봐. 혹시 이상한 점을 찾을 수 있니?

① 내가 단언하는데, 넌 결코 이 일에 성공할 수 있어.
② 게임을 하고 싶어? 그렇다면 절대 숙제를 먼저 끝내야 해!
③ 영화를 봤는데, 주인공 연기가 그다지 볼만해.
④ 기영이 팔 힘이 여간 강해. 팔씨름에서 그를 이긴 친구가 없어.

이 네 문장은 모두 어딘가 틀린 부분이 있어. 그걸 찾아냈어? 부사 중 어떤 것은 부정적인 단어만 꾸민단다. '결코, 절대, 그다지, 여간'이 대표적이지. 이것들은 긍정적인 표현을 꾸미지 않아. 모두 부정 표현만 꾸며 주는 부사야. 그러니 동사와 형용사를 모두 부정으로 바꿔 줘야 해. 다음이 옳은 표현이야.

① 내가 단언하는데, 넌 결코 이 일에 성공할 수 없어.

② 게임을 하고 싶어? 그렇다면 절대 숙제를 먼저 끝내지 않으면 안 돼!
(반드시 숙제를 먼저 끝내야 해!)

③ 영화를 봤는데, 주인공 연기가 그다지 볼만하지 않아.

④ 기영이 팔 힘이 여간 강하지 않아. 팔씨름에서 그를 이긴 친구가 없어.

영어식 수동 표현 쓰지 않기

문장을 만들 때 염두에 둬야 할 점이 또 있어. 다음 글을 읽어 봐. 다음 글은 내가 만든 거야. 산에서 한 소년이 발견됐는데, 알고 보니 고아원에서 학대를 당하고 있었다는 내용이야.

그 소년은 경찰에 의해 산속에서 발견됐다. 그 소년이 A 고아원의 원장에 의해 키워졌고 학대를 당했다는 사실이 경찰에 의해 밝혀졌다. 그 소년은 그 후 한동안 경찰에 의해 보호됐다.

소년은 식사 시간만 되면 죽기 살기로 음식에 달려들었다. 그래서 경찰에 의해 먹돌이란 별명이 주어졌다. 얼마 후 그 소년은 의사에 의해 건강 검진을 받았다. 다행히 건강하다는 판정이 나왔다.

전체적으로 글이 부자연스럽지? 어디가 문제일까? 직접 그 원인을 찾아봐. 찾았어? 맞아. 이 글에는 우리말에서는 잘 쓰지 않는 수동 표현이 많아. 영어에서는 수동 표현이 흔하지. 영어 공부를 많이 했거나 영어권 나라에 살다 온 사람들이 이런 식으로 수동 표현을 많이 써. 다음 영어 문장을 봐.

① Tom gave Jane a gift. (탐은 제인에게 선물을 줬다.)
② Jane was given a gift by Tom. (제인에게 탐에 의해 선물이 주어졌다.)
③ A gift was given Jane by Tom. (선물이 탐에 의해 제인에게 주어졌다.)

위의 세 문장은 모두 같은 뜻이야. 첫 번째 문장은 탐을 주어로 한 능동 표현이지. 반면 두 번째 문장은 제인, 세 번째 문장은 선물을 주어로 한 수동 표현이야. 선물을 준 탐은 '~에 의해'라는 부사구로 바뀌었지.

영어에서는 이 세 문장이 모두 자연스러워. 하지만 우리글에서는 그렇지 않아. 우리는 주로 첫 번째 문장을 쓰지. 제인을 주어로 쓸 때도 '제인이 탐으로부터 선물을 받았다'고 표현해. 선물을 주어로 쓰냐고? 우리글에서는 사물을 주어로 잘 안 써. 다만 사물을 강조하고 싶으면 주어로 쓰기도 해.

이미 말한 대로 우리글은 수동보다는 능동 표현을 주로 써. '~에 의해'나 '~당하다'는 표현은 별로 쓰지 않아. 자, 이제 내가 쓴 가상 스토리에서 수동 표현을 고쳐 볼까? 그러면 글이 훨씬 자연스러워질 거야.

① 경찰이 그 소년을 산에서 발견했다. 경찰은 A 고아원의 원장이 그 소년을 키웠고 학대했다는 사실을 밝혀냈다. 경찰은 그 후 한동안 그 소년을 보호했다.

소년은 식사 시간만 되면 죽기 살기로 음식에 달려들었다. 그래서 경찰은 그에게 먹돌이란 별명을 붙였다. 얼마 후 의사가 그 소년의 건강 검진을 했다. 다행히 건강하다는 판정이 나왔다.

→ **경찰과 의사를 중심으로 능동 표현한 글이다.**

② 그 소년은 경찰에게 산에서 발견됐다. 그 소년이 A 고아원의 양육 과정에서 원장의 학대를 받았다는 사실이 경찰 조사에서 밝혀졌다. 그 소년은 그 후 한동안 경찰의 보호를 받았다.

소년은 식사 시간만 되면 죽기 살기로 음식에 달려들었다. 그래서 경찰로부터 먹돌이란 별명을 얻었다. 얼마 후 그 소년은 의사에게 건강 검진을 받았다. 다행히 건강하다는 판정이 나왔다.

→ **소년을 중심으로 능동 표현한 글이다.**

단 우리말에서도 피동 표현과 사동 표현은 종종 써. 주어가 자발적이 아니라 어쩔 수 없이 남의 의지에 따라 행위를 하는 것이 피동 표현이고, 주어가 남에게 행위를 시키는 것이 사동 표현이지. 쉽게 말해서 당하면 피동, 시키면 사동 표현이 되는 거야.

① 얼룩말이 사자에게 쫓기고 있다. 얼룩말이 사자에게 먹히느냐, 먹히지 않고 살아남느냐⋯. 야생 동물의 삶은 정말로 각본 없는 드라마와 같다.

② 매듭이 풀리지 않는다. 다음에는 잘 풀어지도록 묶어야겠다.

③ 시계 줄이 툭 끊겼다. 예전에도 줄이 끊어진 적이 있다.

이 세 문장은 모두 피동 표현이야. 피동 표현은 모두 능동 표현으로 바꿀 수 있어. 그렇다면 능동 표현으로 바꿔 볼까?

① 사자가 얼룩말을 쫓고 있다. 사자가 얼룩말을 먹느냐, 얼룩말이 살아남느냐⋯. 야생 동물의 삶은 정말로 각본 없는 드라마와 같다.

② 나는 매듭을 풀 수 없다. 다음에는 잘 풀 수 있게 묶어야겠다.

③ (누군가) 시계 줄을 툭 끊었다. 예전에도 (누군가) 줄을 끊은 적이 있다.

①번과 ②번 문장은 피동 표현에서 능동 표현으로 바뀌어도 전혀 어색하지 않아. 다만 ③번 문장은 좀 어색한 느낌이 들어. 누군가 시계 줄을 끊은 게 확실하다면 이 문장은 틀리지 않아. 그러나 시계 줄을 끊은 사람이 누구인지 모르는 상황이라면 원래의 피동 표현이 훨씬 자연스러워.

이번엔 사동 표현을 만들어 볼까? 피동 표현은 '~이, ~히, ~리, ~기, ~어지' 등을 넣어 만들어. 이 중에서 '~어지'를 뺀 나머지는 사동 표현을 만들 때도 쓴다.

① 아이들에게 책을 많이 읽혀야 한다.

② 나를 웃겨 봐. 그렇게 하면 네가 원하는 걸 줄게.

③ 젖먹이 동생에게 밥을 먹이는 게 정말 쉽지 않았어.

사동 표현은 그 자체가 능동 표현이야. 그래도 다른 식으로 문장을 바꿀 수는 있어. 그 경우에는 '~하게 하다'나 '~하도록 하다'를 써야 해.

① 아이들이 책을 많이 읽도록 시켜야 한다.

　아이들에게 책을 많이 읽도록 해야 한다.

② 내가 웃도록 해 봐. 그렇게 하면 네가 원하는 걸 줄게.

③ 젖먹이 동생이 밥을 먹도록 하는 건 정말 쉽지 않았어.

능동 표현과 피동 표현, 사동 표현까지 모두 배웠어. 눈치챘겠지만 표현 방법이 바뀔 때마다 주어도 변한단다. 그렇다면 이 주어가 서술어와 제대로 호응하는지도 살펴야 해.

문장 쓰기

똑똑한 녀석...

2주

문장 연결해 짧은 글 만들기

10주완성

과제

01 문장을 30개 이상 만든 후 짧게 나눈다. (처음부터 짧은 문장을 써도 된다.)

02 짧게 나눈 문장에서 불필요한 접속사라고 생각되는 것은 모두 지운다.

03 육하원칙에 입각해 문장이나 짧은 글을 20개 이상 만든다.

1주에는 하나의 문장을 만드는 훈련을 했어. 2주에는 문장과 문장을 연결해, 혹은 문장을 모아서 보다 긴 글을 만드는 훈련을 할 거야. 1주보다는 조금 더 난도가 있는 훈련이지. 구체적으로 말하자면 문장을 짧게 만들거나 접속사를 제대로 사용하는 걸 익힐 거야.

2주 훈련을 제대로 끝내면 문장을 더 자유롭게 만들 수 있어. 물론 1주 때 훈련한 것은 2주째에도 그대로 이어져야 해. 첫 주에 열심히 훈련한 내용을 다 까먹고 2주째 훈련에 들어가는 것은 옳지 않아. 이 또한 기본을 갖추지 않은 모래성과 같아.

2주 과제를 이행하는 것도 크게 어렵지 않을 거야. 이번에도 하루에 1시간씩만 투자해도 충분해. 주어진 3개의 과제를 이행하도록 해.

예시

01 나는 어제도 피자를 먹었는데 오늘 점심 식사 때도 피자를 먹어서 맛이 없다.

→ 나는 어제 피자를 먹었다. 그런데 오늘 점심 식사 때도 피자를 먹었다. 그래서 맛이 없다.

02 나는 어제 피자를 먹었다. 오늘 점심 식사 때도 피자를 먹었다. (그래서) 맛이 없다.

03 나는 어제 집에서 피자를 먹었다. 다른 음식이 없었기 때문이다.

01

02

03

사실 글 좀 쓴다는 작가나 학자, 기자의 글에서도 긴 문장을 종종 보게 돼. 어떤 문장의 경우 안은문장에 안긴문장의 수를 세 보니 5~6개일 때도 있어. 그것도 모자라 '~고'나 '~해서' 같은 연결 어미를 써 가며 3~4개의 문장을 잇기도 하지. 문장을 끝까지 읽기 전에 숨이 가빠 죽을 지경이야.

이런 식으로 겹문장이 이어지면 독자가 쉬 피곤해질 수밖에 없어. 어떤 게 주어이고, 어떤 게 목적어인지 눈을 부릅뜨고 읽어야 하니까 그러는 게 당연해. 문장이 길어지면서 주어와 서술어의 호응 관계가 깨질 확률도 높아. 그런 문장을 읽는 독자가 눈살을 찌푸리는 건, 어쩌면 이상한 일도 아니야.

문장 짧게 쓰기

문장이 지나치게 길어지면 어떤 부작용이 있을까? 무엇보다 문장이 부자연스러워지거나 산만해져. 때로는 글이 엉뚱한 방향으로 가 버리기도 해. 자신도 모르게 생각의 끈을 놓치고 글을 쓰다 보니 그런 거야. '내가 도대체 무슨 내용의 글을 쓰려 했지?'라며 멍하니 있을 수도 있어.

문장이 길어지는 이유는 무엇보다 글쓴이가 생각을 제대로 정리하지 못했기 때문일 가능성이 커. 정리하지 않은 채로 생각 닿는 대로 무작정 쓰다 보니 문장이 대책 없이 길어진 거지. 한 문장 안에 많은 내용을 담으려다 보니 문장이 길어질 때도 있어.

프로 작가처럼 글을 멋있고 세련되게 쓰고 싶어? 그렇다면 문장을 짧게 만드는 훈련을 해야 해. 담아야 할 내용이 많다고? 그렇다면 그 문장을 2~3개로 쪼개. 그래도 여전히 길다고? 4개나 5개 문장으로 다시 쪼개. 이렇게 한다면 멋있고 세련된 글이 되리라고 장담해. 믿기지 않는다고? 다음 글을 봐. 중학교 2학년이 자신에 대해 쓴 글인데, 정식 자기소개서까지는 아니고 아마도 연습 글인 것 같아.

나는 현재 중학교에 다니고 있고 막 1학년을 졸업하고 2학년을 시작하려고 한다. 2학년은 더 설레고 새로운 학년인 것 같다.
아직은 3학년처럼 고등학교 준비도 없고 한 학교의 대선배라는 부담감도 없고 바쁠 것도 없지만 미래를 위해 내공을 쌓는 정도의 공부를 하고 자신의 취미 생활을 준비해야 하는 나이랄까. 재미있는 동아리 생활도, 자신의 후배도 있으니 더 활기차게 활동할 수 있는 시기다.

이 글에서 글쓴이는 자신의 2학년 생활을 예측하며 각오를 다지고 있어. 내용이 좀 빈약해 보이지? 이 점 때문에 글이 어색한 걸까? 물론 그럴 수도 있어. 하지만 그 이유가 전부일까?

좋아. 일단 이 글에서 내용이 충실한지 아닌지는 따지지 않겠어. 자기소개서 양식에 제대로 맞춰 글을 썼는지도 따지지 않을게. 오로지 '문장'에서만 해답을 찾아보자. 내용은 나중에 보강할 수도 있고,

자기소개서 양식은 따로 배우면 되니까. 하지만 문장이 엉터리라면 저절로 좋아지는 법은 절대 없어.

일화나 사건이 글 속에 있다면 문장이 육하원칙을 잘 지켰는지 따져 볼 필요가 있어. 하지만 이 글은 그런 성격의 글이 아니야. 그러니 육하원칙 문제도 일단은 그냥 넘어갈게. 육하원칙이 뭐냐고? 조금만 기다려. 금방 알려 줄 기회가 있을 거야.

어쨌든 많은 것을 양보했는데도 글이 어색하다고 느낀다면 이유가 다른 데 있는 걸 거야. 눈치챘어? 그래, 바로 지나치게 긴 문장에 원인이 있어. 내용상 적절하지 않거나 틀리게 사용한 단어만 조금 고치면서 긴 문장을 쪼개 볼까?

나는 현재 중학교에 다니고 있다. 막 1학년을 마쳤고, 2학년에 들어간다. 새로운 학년을 맞아 더 설렌다.
2학년은 3학년처럼 고등학교 입시 준비에 매달리지 않아도 된다. 학교에서 맨 위 선배라는 부담감도 없다. 바쁠 것 같지도 않다. 그래도 미래를 대비해 내공을 쌓는 정도의 공부는 해야 한다. 또한 취미 생활도 준비해야 하는 학년이다. 재미있는 동아리 생활도 할 수 있다. 후배들도 많이 생긴다. 그러니 2학년은 더 활기차게 활동할 수 있는 시기다.

원래 글은 총 4개의 문장으로 이뤄져 있어. 고친 글을 봐. 문장 수가 11개로 늘어났어. 그렇다고 글의 전체 분량이 많이 늘어난 것도 아니야. 단지 문장만 쪼갰으니까! 하지만 처음 글과 두 번째 글을 읽는 맛은 아주 달라. 고친 글이 훨씬 정갈한 느낌이 들어.

짧은 문장으로 이뤄진 글의 가장 큰 장점은 '속도감'과 '긴장감'이야. 한 문장이 끝나자마자 다음 문장이 곧바로 이어져. 그 문장이 끝나면 또 다른 문장이 쉴 틈을 주지 않고 눈에 들어 와. 마치 육상 선수들이 이어달리기를 하듯 말이야. 그러니 독자가 지루해하거나 피곤해할 틈이 없어. 손에 땀을 쥐면서 글을 읽게 되지. 독자는 글쓴이가 바로 눈앞에서 생생하게 얘기를 전달해 주는 것 같은 느낌을 받을 거야. 물론 독자의 상상력도 증폭되겠지. 바로 이런 점 때문에 전문적으로 글을 쓰는 작가나 칼럼니스트가 대체로 짧은 문장을 선호한단다.

물론 프로 작가도 문장을 일부러 길게 쓸 때가 있어. 대체로 짧은 문장이 많이 이어졌을 때 긴 문장을 집어넣지. 속도감과 긴장감을 늦추기 위해 그러는 거야. 짧은 문장이 여러 개 이어지면 독자의 호흡도 점점 빨라져. 그럴 때 글의 중간중간에 긴 문장을 몇 개 배치하면 속도감을 떨어뜨릴 수 있어. 자연스럽게 독자가 글을 읽는 호흡도 느슨해지지.

이처럼 글의 속도와 강약을 조절하는 수준에 이르려면 많은 훈련이 필요해. 또 스토리와 구성, 표현 등 모든 분야에서 고루 실력을 갖춰야 하지. 욕심이 난다고 해서 당장 가능한 일은 아니야.

짧은 문장을 길게 늘이는 것은 사실 아주 어렵지 않아. 별생각 없이 문장을 만들다 보면 길어지기도 하지. 반대로 긴 문장을 짧게 쪼개기는 쉽지 않아. 짧은 문장을 자유자재로 만들려면 많은 훈련이 필요해. 초등학교 6학년 학생이 쓴 일기 일부분을 볼까?

그다음에는 호텔로 30분 정도를 달려서 도착하고 방을 정하고 짐을 대충 풀고 저녁밥은 호텔 뷔페가 아닌 다른 곳에서 먹었기 때문에 먹지 않아도 되어서 당장 옷을 갈아입고 확실히 말하면 대중목욕탕이라고 해도 전혀 틀리다고 할 수 없는 온천에 가서 온천욕을 40분 정도 하고 돌아와서 물을 마시고 요거트를 먹고 영화를 보다가 이 일기를 쓰고 있다.

혹시 눈치챘어? 이 글이 하나의 문장이란 사실을 말이야. 앞에서도 말했지만, 이런 글은 전혀 주목받지 못해. 글을 읽다가 짜증이 날 수도 있어. 만약 이 학생이 짧은 문장 쓰기를 제대로 훈련했다면 다음과 같은 글이 나왔을 거야.

이어 30분 정도를 달려 호텔에 도착했다. 우선 방부터 정했다. 짐을 대충 풀었더니 저녁 식사를 할 시간이 됐다. 우리는 이미 저녁밥을 다른 곳에서 먹었다. 그래서 호텔 뷔페에서 식사를 다시 할 필요가 없었다.
식사는 생략하고 (호텔 안에 있는) 온천으로 향했다. 그 온천은 대중목욕탕이라고 불러도 이상하지 않을 만큼 사람들이 많았다. 40분 정도 온천욕을 했다. 그랬더니 목이 말랐다. 호텔 방으로 돌아오자마자 물부터 마셨다.
그다음에는 요거트를 먹으면서 영화를 봤다. 그러더니 잠들 시간이 됐다. 이 일기를 쓰고 나면 오늘 일정이 모두 끝난다.

글 전체가 한 문장이었던 것이 13개 문장으로 늘어났어. 고친 글을 쉬지 말고 쭉 읽어 봐. 어때? 속도감이 느껴지지? 살짝 긴장감도 맛봤을 거야. 만약 글쓴이가 호텔 온천욕을 할 때 어떤 느낌이었는지, 이 여행에서 뭘 느꼈는지 감상을 추가한다면 좋은 일기가 될 거야.

짧은 문장을 연이어 쓴 글을 읽다 보면 글이 너무 딱딱하다고 생각할 수도 있어. 하지만 그런 느낌은 짧은 문장에 익숙하지 않아서 생기는 거야. 짧은 문장 자체가 딱딱해서 그런 게 아니지. 짧은 문장으로 된 글을 자주 접하다 보면 그런 편견이 사라질 거야.

사람에 따라서는 짧은 문장으로 된 글이 '속도감은 있지만 세련되지는 않다'고 생각할 수도 있어. 그런 사람은 화려한 문구나 감수성이 넘치는 단어, 휘황찬란한 표현이 들어가야 글이 세련됐다고 느끼지. 그러나 이 또한 편견에 불과해. 정확한 단어를 사용하고 문장을 짧게 하는 것만으로도 글은 아주, 충분히, 세련돼. 물론 글의 완성도도 아주 높지.

불필요한 접속사 버리기

사실 〈과제 01〉과 〈과제 02〉는 서로 밀접하게 연관돼 있단다. 문장을 짧게 만드는 것과 접속사 사용을 절제하는 것 모두 글의 속도감과 긴장감을 높이는 중요한 장치거든.

문장과 문장을 연결해 주는 역할을 하는 게 접속사야. 그리고, 그런데, 그러나, 그러니, 왜냐하면, 더구나, 게다가, 하물며, 하지만…
이런 것들이지. 접속사는 앞 문장의 내용을 완전히 뒤엎거나(그러나,
하지만) 앞 문장의 원인을 설명해 줘(왜냐하면). 앞 문장과 다음 문장
을 대등하게 이어주는가 하면(그리고), 보충해서 설명할 때(게다가)
도 있어. 앞 문장 혹은 앞 단락과 맥락이 다른 내용을 언급할 때 사
용하는 접속사(그런데)도 있고.

접속사는 적절하게 사용하면 글의 이해를 돕는 좋은 약이 돼. 하
지만 남발하면 글의 재미를 떨어뜨리는 독이 될 수 있어. 실제로 많
은 사람들이 접속사를 남발하고 있어. 자신의 언어 습관이나 글쓰기
습관을 돌아봐. 툭하면 '그런데 말이야…', '그리고 있잖아…' 하고 말
하지 않는지. 이 '그런데'와 '그리고'가 가장 많이 남발하는 접속사야.

꼭 필요한 물건이긴 하지만 주체할 수 없을 정도로 넘쳐 난다고
생각해 봐. 그 물건의 중요도가 떨어지지 않겠어? 그렇다면 무조건
다 써 버리기보다는 나중을 위해 쟁여 두는 게 더 좋은 선택일 거야.
마찬가지야. 꼭 필요할 때만 써야 하는 것! 그게 바로 접속사야.

접속사를 남발하는 것만이 문제가 아니야. 문맥과 관계없는, 적절
하지 않은 접속사를 사용하는 것도 문제야. 그런 접속사 중 하나가
'그러나'지. 앞 문장과 반대되는 내용도 아닌데 '그러나'를 쓰는 사람
이 의외로 많아.

접속사를 남발하거나, 적절하지 못한 접속사를 사용하면 글의 완
성도가 떨어져. 독자에게 글쓰기 초보가 쓴 글로 보이지. 왜 그럴까?
접속사로 연결된 문장이 많을수록 글이 산만해지기 때문이야. 그만

큼 세련미와는 거리가 멀어져. 이 점을 꼭 명심해. 접속사를 너무 많이 쓰지 마라! 불필요한 접속사는 쓰지 마라!

난 늘 궁금했어. 왜 사람들이 접속사를 많이 쓸까? 관찰해 보니 글쓰기에 자신감이 적을 때 접속사를 많이 쓴다는 걸 알게 됐어. 문장 한두 개는 어찌어찌 만들었는데, 다음 문장과 연결할 단계에 오자 당황하는 거야. 여러 문장들이 따로국밥처럼 어울리지 않는 것 같다고 걱정해. 고민 고민하다가 쉬운 방법을 택하지. 그래. 접속사를 쓰는 거야. 그렇게 하면 문장과 문장이 자연스럽게 연결된 것 같다는 착각이 들거든.

접속사를 쓰지 말라는 게 아니야. 나 또한 접속사를 적지 않게 사용하고 있어. 접속사가 꼭 필요한 상황인데도 쓰지 않으면 내 의도가 잘못 전달될 수도 있거든. 그러면 독자가 내 뜻을 왜곡해 받아들일 수도 있어. 다시 강조하는데, 접속사를 무조건 쓰지 말라는 게 아니야. 다만 접속사를 남발하지 말고 적재적소에 쓰라는 거야.

백문이 불여일견이라고 했어. 다음 예문을 보다 보면 이해가 갈 거야. 중학교 1학년 학생이 특별활동을 한 뒤 소감을 적은 글의 일부야.

그런데 팝송부는 연습을 엄청 많이 한 게 딱 눈에 보였다. 원래 손과 입을 같이 사용하는 것이 정말 어려운데 어려운 손동작을 하면서 어려운 팝송마저 구사해 냈기 때문이다. 그리고 나는 미술부였는데, 그림을 완전히 완성시키지 못했지만 그래도 발표는 잘해서 좋았다. 그런데 3개의 연극부는 모두 뛰어나게 연극을 했다.

특별활동에서 미술부에 속한 한 학생이 소감을 적은 글이야. 이 글을 읽으면서 어떤 느낌을 받았어? 글쎄. 아마도 별 감동을 느끼지 못했을 것 같아. 원인은 여러 가지가 있겠지. 그중 가장 큰 것이 아무래도 빈약한 내용일 거야. 어느 글이든지 내용이 빈약하면 좋은 평가를 받을 수 없으니까.

다만 내용을 떠나서도 글이 별로 인상적이지 않은 원인을 찾을 수 있어. 맞아. 바로 접속사 문제야. 이 글에서 접속사(4개)와 연결 어미(5개)를 합치면 총 9개야. 맨 앞부분부터 살펴보면 '그런데', '어려운데(어렵다. 그런데)', '하면서(한다. 그러면서)', '그리고', '미술부였는데(미술부였다. 그런데)', '못했지만(못했다. 그렇지만)', '그래도', '잘해서(잘했다. 그래서)', '그런데'이지.

사실 이 학생만 접속사(연결 어미 포함)를 많이 사용하는 게 아니야. 대부분이 자기도 모르게 접속사를 쓰지. 믿기지 않는다고? 혹시 그동안 써 놓은 일기가 있다면 꺼내 봐. 아마 의외로 접속사를 많이 발견하게 될 거야.

앞의 글을 봐. 도입부부터 '그런데'를 썼어. 앞 문장 혹은 앞 단락과의 흐름을 매끄럽게 하려고 접속사를 쓴 것 아니냐고? 글의 흐름을 보자면 꼭 그렇지는 않아. 꼭 필요한 상황이 아닌데, 아마도 습관적으로 '그런데'를 쓴 게 아닐까 싶어.

이제 앞의 글에서 불필요한 접속사와 연결 어미를 빼 볼게. 문맥

이 크게 이상하지 않다면 내용에는 일절 손을 대지 않겠어. 오로지 접속사와 연결 어미 일부만 뺄 거야. 글이 어떻게 달라지는지 직접 확인해 봐.

팝송부는 한눈에 봐도 연습을 엄청 많이 한 걸 알 수 있었다. 어려운 손동작을 하면서 어려운 팝송마저 구사해 냈기 때문이다. 원래 손과 입을 같이 사용하는 것이 정말 어렵다. 나는 미술부였다. 그림을 완전히 완성시키지 못했지만 발표는 잘해서 좋았다. 연극부는 3개가 있었는데, 모두 뛰어나게 연극을 했다.

어때? 앞의 글과 비교했을 때 훨씬 세련된 느낌이 들지 않아? 이 글에서는 아예 접속사를 하나도 쓰지 않았어. 다만 연결 어미는 몇 군데 사용했지.

내친 김에 이번엔 더 속도감 있게 글을 바꿔 볼게. 문장을 더 줄여 볼 거야. 접속사는 당연히 쓰지 않고, 연결 어미까지 최대한 자제해 보도록 하지. 그렇게 하면 글이 어떻게 바뀌는지 다시 확인해 봐.

팝송부는 연습을 엄청 많이 한 것 같았다. 한눈에 봐도 그 사실을 알 수 있었다. 어려운 손동작과 어려운 팝송을 한꺼번에 구사했던 것이다. 원래 손과 입을 같이 사용하는 것이 정말 어렵다. 나는 미술부였다. 안타깝게 그림을 완성시키지 못했다. 발표는 잘했다. 그 정도로 만족한다. 기분은 좋았다. 연극부는 3개로 나뉘어 있었다. 그들은 모두 뛰어나게 연극을 했다.

두 번째 고친 글은 칼로 덩어리를 툭툭 자른 것 같다는 느낌이 들 거야. 실제로 문장이 툭툭 끊어지지. 접속사가 아예 없고, 심지어 연결 어미도 거의 없으니까 그런 느낌이 드는 것은 당연해.

이런 글을 읽는 솔직한 소감이 어때? 접속사가 없으니 글이 연결되는 것 같지 않다고? 이런 생각을 하는 학생들이 의외로 적지 않을 거야. 그런 생각이 옳지는 않지만, 그렇게 생각할 만한 이유는 충분히 있어. 그동안 접속사를 너무나 남발해 왔던 게 가장 큰 이유야. 그러다 보니 접속사가 없는 문장이 얼마나 세련된 문장인지를 인식하지 못하는 거지.

사람에 따라서는 '그래도 극단적으로 접속사와 연결 어미를 줄인 것 아니냐'고 불만을 품을 수도 있어. 이 글을 맘에 들어 하지 않는다는 얘기야. 하지만 이 글은 이상하게 느껴질 정도로 접속사를 극단적으로 줄인 정도는 아니야. 이 글을 읽고 극단적이라고 생각한다면 어쩌면 '접속사 중독'일 수도 있어.

기온이 적당히 올라갔다. 야외활동을 하기에 좋은 날씨. 아빠와 공원에 산책을 갔다. 여유롭게 걸었다. 얼었던 대지가 기지개를 편다. 이슬을 먹은 풀잎에 생기가 돈다. 꽃은 화려한 색을 뽐낸다. 공기를 훅하고 들여마셨다. 상큼한 맛이다. 공원엔 사람들이 많았다. 옷차림이 한결 가벼워졌다. 아, 정말 봄이로구나.

이 글에는 접속사가 전혀 없어. 짧은 문장으로 봄날의 기운을 표현했지. 글이 통통 튀는 것 같은 느낌이 들었을 거야. 어쩌면 자기도 모르게 글을 빠른 속도로 읽었겠지. 모두 접속사가 없기에 가능한 일이야. 만약 접속사가 있었다면? 이 글에 접속사를 넣어 볼까? 글이 다음처럼 변할 거야.

기온이 적당히 올라갔다. 그래서 야외활동을 하기에 좋은 날씨다. 그런데 난 아빠와 공원에 산책을 갔다. 그리고 여유롭게 걸었다. 한편, 얼었던 대지가 기지개를 편다. 이슬을 먹은 풀잎에 생기가 돋는다. 그리고 꽃은 화려한 색을 뽐낸다. 그러나 나는 공기를 훅하고 들여 마셨다. 상큼한 맛이다. 그런데 공원엔 사람들이 많았다. 옷차림이 한결 가벼워졌다. 아, 정말 봄이로구나.

처음 글과 비교해 봐. 어때? 읽는 맛이 확 떨어지지? 표현 자체는 거의 바꾸지 않았어. 그런데도 글이 투박하고 매끄럽지 않다는 느낌이 들 거야. 접속사가 있고 없는 게 이토록 큰 차이가 날 거라고는 생각하지 못했지? 지금부터라도 가급적 접속사를 빼도록 노력하는 게 좋아. 그러면 글도 쫄깃쫄깃 감칠맛이 날 거야.

육하원칙에 맞추기

20세기 초에 노벨 문학상을 수상한 영국 작가 조지프 러디어드 키플 링(1865~1936년)은 유명한 명작동화 《정글북》을 썼어. 그는 시에서도 두각을 나타냈는데, 마침 글쓰기와 관련된 유명한 시가 있어 소개해 볼게.

I Keep six honest serving-men. (내게는 여섯 명의 정직한 하인이 있다.) Their names are what and why and when and how and where and who. (그들의 이름은 무엇, 왜, 언제, 어떻게, 어디서, 그리 고 누구이다.)

누가, 언제, 어디서, 무엇을, 어떻게, 왜…. 이 여섯 가지는 문장을 만드는 기본 요소야. 이 여섯 가지를 '육하원칙'이라 부르지. 〈과제 03〉을 이행하기가 어렵다면 먼저 이 육하원칙에 대해 공부해야 해.

육하원칙만 잘 지키면 글의 내용이 독자들에게 '정확하게' 전달된 단다. 사실이 왜곡되는 일도 거의 없어. 육하원칙을 가장 잘 지키는 글은 신문 기사야. 신문은 한정된 지면에 방대한 정보를 담으면서도 사실에 어긋남이 없어야 해. 그러니 신문 기사는 화려함보다는 정확 함을 더 추구할 수밖에 없고, 문체가 건조하더라도 육하원칙을 지킬 수밖에 없어.

육하원칙에 입각한 문장을 잘 만들려면 신문 기사를 유심히 볼 필요가 있어. 신문 기사가 육하원칙을 가장 잘 따르고 있거든. 그래야 그 많은 정보를 몇 줄, 심지어 단 한 줄의 문장만으로 정확하게 전달할 수 있으니까. 다음 신문 기사를 볼까?

2일 전남 무안군에서는 이 지역 사회단체협회 회원 120여 명이 '전기선로 특혜 의혹 규탄 기자회견'을 하고 가두행진을 벌였다. 이유는 도로에 있던 전봇대 2개가 갑자기 다른 곳으로 옮겨진 과정에 '특혜 의혹'이 있다는 것이었다.

(2015년 6월 3일 자 동아일보)

이 기사는 두 문장으로 이뤄져 있어. 육하원칙을 얼마나 지켰나 분석해 볼까?

① 누가 → 전남 무안군 사회단체협회 회원 120여 명이

② 언제 → 2일

③ 어디서 → 전남 무안군에서

④ 무엇을 → 기자회견과 가두행진을

⑤ 어떻게 → (기자회견을) 갖고 (가두행진을) 벌였다

⑥ 왜 → 전봇대 2개가 갑자기 다른 곳으로 옮겨진 과정에 '특혜 의혹'이 있어서

정확하게 육하원칙을 지켰지? 덕분에 두 문장만으로도 독자들은

전체 사실을 낱낱이 알 수 있어. 문장이 길어지긴 하겠지만 이 두 문장을 한 문장으로 줄일 수도 있지.

> 2일 전남 무안군에서 이 지역 사회단체협회 회원 120여 명이 전봇대 2개가 갑자기 다른 곳으로 옮겨진 과정에 '특혜 의혹'이 있다며 '전기선로 특혜 의혹 규명' 기자회견을 갖고 가두행진을 벌였다.

기자는 이 기사를 한 문장이 아니라 두 문장으로 썼어. 굳이 원칙을 따지자면 한 문장 안에서 육하원칙을 지키는 게 좋겠지. 하지만 이 원칙을 지키려고 문장을 대책 없이 길게 쓰는 건 옳지 않아. 이 기자 또한 어쩌면 문장이 너무 길어지지 않도록 하려고 문장을 쪼갰을지도 몰라.

문장을 길게 써서 독자들의 관심을 끌지 못할 바에는 이렇게 2~3개 문장으로 쪼개는 게 차라리 나을 거야. 기사뿐 아니라 모든 글이 마찬가지야. 꼭 한 문장에 육하원칙을 담으라는 이야기가 아니야. 두 문장, 혹은 세 문장을 이어서 써도 돼. 다만 그 세 문장 안에 웬만하면 육하원칙 요소를 모두 집어넣는 게 좋겠지.

이미 말한 대로 육하원칙을 잘 지키면 글의 내용은 정확해져. 그러니 훈련을 해야 할 필요가 있겠지? 이런 문장을 만드는 게 어려울 것 같다고? 괜스레 겁을 먹어서 그렇지 실제로는 쉬워. 일상적인 생활 문장에서도 육하원칙을 지키며 글을 쓸 수 있단다.

① 나는 일요일에 한강공원에서 연을 날렸다. 그동안 꼭 하고 싶었던 일이었다.

② 수행평가를 끝내기 위해 어제 우리는 학교에 남아 보고서를 작성했다.

③ 기분을 전환하기 위해 친구와 둘이서 오늘 영화관에서 어벤져스를 봤다.

이 세 글은 십대 학생의 일상생활에서 흔히 일어나는 일을 담았어. 일기나 보고서, 감상문에서 뽑은 문장이거든.

놀라운 사실을 하나 알려 줄까? 별로 대단해 보이지 않는 이 세 예문이 사실은 완벽하게 육하원칙을 지키고 있다는 점! 문장 한두 개만으로 글쓴이는 정보를 정확하게 전달하는 데 성공했어. 세 문장의 육하원칙을 분석해 볼까?

① 누가(나는) 언제(일요일에) 어디서(한강공원에서) 무엇을(연을) 어떻게(날렸다) 왜(꼭 하고 싶어서)

② 누가(우리는) 언제(어제) 어디서(학교에서) 무엇을(보고서를) 어떻게(작성했다) 왜(수행평가를 끝내기 위해)

③ 누가(나와 친구, 둘이서) 언제(오늘) 어디서(영화관에서) 무엇을(어벤져스를) 어떻게(봤다) 왜(기분을 전환하기 위해)

어때? 어렵지 않지? 육하원칙에 따라 글을 쓰다 보면 글쓰기 실력뿐 아니라 논리적 사고를 키우는 데도 도움이 된단다. 그러니 지금부터 '육하원칙 문장 만들기'를 연습해 봐. 처음엔 어려울 수도 있지만 곧 능숙해질 거야. 자연스럽게 2주 과제도 이행할 수 있겠지?

짧은 글 쓰기

3주

10주완성

다양한
비유법과
표현법
익히기

과제

01 직유법, 은유법, 의인법, 활유법, 대유법을 사용한 문장을 각각 5개 이상 만들기

02 의성어, 의태어, 감탄사를 활용한 문장을 각각 5개 이상 만들기

03 정의, 비교, 대조, 분류, 분석, 예시, 인용을 활용한 문장을 각각 5개 이상 만들기

2주간 훈련했던 내용을 떠올려 봐. 이제 문장의 짜임새는 충분히 이해하고 있을 거야. 문장을 짧게 만들고 접속사를 줄이고 있는지, 육하원칙에 따라 문장을 만들고 있는지 점검해 봐. 이 내용을 늘 명심하면 문장 만들기의 기본 실력은 갖춘 거야.

3주에도 좋은 문장 만드는 훈련을 계속할 거야. 구체적으로 말하자면 문장을 돋보이도록 하는 표현 방법을 익히게 돼.

우선 직유법, 은유법, 의인법, 활유법, 대유법과 같은 비유법을 익혀야 해. 그다음에는 의성어와 의태어, 감탄사를 활용해 글을 만드는 법을 익히지. 마지막으로 정의, 비교, 대조, 분류, 분석, 예시, 인용과 같은 표현법을 배울 거야. 이 표현법을 모두 익히면 마지막으로 문장 단계를 넘어 하나의 완성된 글을 만드는 데 도전할 거야.

예시

01 **이순신은 산처럼 위대하다.** (직유법)

내 마음은 호수다. (은유법)

바람이 상냥하게 와서 속삭인다. (의인법)

시커먼 먹구름이 으르렁거린다. (활유법)

빵 아니면 죽음을 달라. (대유법)

02 파도가 철썩철썩 바위를 때린다. (의성어)

친구 녀석이 성큼성큼 다가온다. (의태어)

오, 나의 친구여. (감탄사)

03 SNS(Social Network Service)는 여러 사람이 관계(Network)를 맺고 정보를 공유하는 서비스다. (정의)

SNS는 모바일 메신저처럼 무선으로 메시지를 전달한다. (비교)

모바일 메신저는 메시지만 전달하고 SNS는 다양한 콘텐츠를 생산한다. (대조)

SNS는 페이스북, 트위터, 인스타그램, 밴드, 카카오스토리 등이 있다. (분류)

SNS 페이스북 초기화면은 로그인, 타임라인, 정보, 사람, 사진, 동영상 등으로 돼 있다. (분석)

SNS 활용이 늘고 있는데, 가정통신문을 SNS로 보내는 초중고교가 대표적인 사례다. (예시)

외국의 A 보고서는 "SNS는 휴대폰에 가장 잘 어울리는 서비스다"고 말했다. (인용)

여러분이 표현하고 싶은 생각이나 느낌을 A라고 가정해 봐. 그 A를 직접 표현하지 않고 B에 빗대 표현하는 방법이 바로 비유법이야. 이때 A를 '원관념', B를 '보조관념'이라고 하지.

원관념은 당연히 하나야. 하지만 보조관념은 3~4개가 될 수도 있고, 수십 개가 될 수도 있어. 상상력이 풍부한 사람이라면 100개가 넘는 보조관념을 만들 수도 있을 거야. 비유법을 잘만 사용하면 문장을 풍성하게 만들 수 있어.

비유법은 국어 수업 시간에도 등장해. 학생들이 많이 어려워하는 부분이기도 하지. 무턱대고 비유법의 종류를 외우려 하지 마. 외우려고 하니까 어렵게 느껴지는 거야. 그보다는 비유법이 실제로 글 속에서 어떻게 쓰이는지에 집중해. 능숙하게 비유법을 쓸 수 있다면 굳이 외울 필요가 없으니까.

직유법 활용하기

'~같은(같이)', '~(하)듯이', '~인 양' 등으로 B(보조관념)를 A(원관념)에 연결하는 방법이야. 사용 방법이 아주 간편해서 쉽게 활용할 수 있는 게 가장 큰 장점이지. 이 때문에 모든 비유법 가운데 가장 많이 사용된단다. 다음 예문을 먼저 봐.

① 지구는 둥글다.
② 그녀는 마음씨가 곱다.
③ 밥을 많이 먹어 배가 부르다.

이 세 문장은 사실을 '있는 그대로' 전달하고 있어. 자연스러움이나 정확함 같은 원칙을 잘 지켰지. 하지만 좀 밋밋해. 직유법을 쓰면 다음처럼 달라져. 표현이 훨씬 생생하게 변하지.

① 지구는 공같이 둥글다.

지구는 파란 수박처럼 둥글다.

탱탱한 야구공처럼 둥근 지구.

② 그녀는 마음씨가 천사처럼 곱다.

마치 테레사 수녀인 양 그녀는 마음씨가 곱다.

③ 밥을 많이 먹어, 터질 듯이 배가 부르다.

밥을 걸신들린 사람처럼 먹어 배가 부르다.

은유법 활용하기

'A(원관념)는 B(보조관념)다'는 식으로 정리하는 방법이야. 직유법보다 난도가 약간 높은 비유법이지. 상상력도 훨씬 더 필요해. 그 대신 확실히 맛깔스러움은 더 하다고 할 수 있어. 앞의 세 문장에 은유법을 적용해 볼까?

① 지구는 둥근 공이다. (지구=공)

② 내게 그녀는 하늘에서 내려온 천사다. (그녀=천사)

③ 밥을 많이 먹어 내 배가 어느덧 남산이 됐다. (내 배=남산)

지구가 공이 될 수는 없어. 그녀가 천사가 될 수도 없지. 아무리 배가 커진다 한들 남산이 되겠어? 하지만 은유법을 쓰면 모두 가능해. 상상력을 더 발휘하면 "지구는 파란 열매다"와 같은 문장도 만들 수 있단다.

시에서 특히 은유법을 많이 볼 수 있어. 이 방법을 쓰면 시인의 느낌을 함축적으로 담을 수 있기 때문이야. 이를테면 "내 마음은 호수다"처럼 말이야. 일기나 감상문에도 은유법을 적절히 사용하면 더 훌륭한 글이 될 수 있어. 다만 지나치게 은유법을 남발하면 읽는 데 피로감을 느낄 수 있으니 적절하게 사용하는 게 좋을 거야.

의인법과 활유법 활용하기

의인법은 사람이 아닌 것을 사람처럼 표현하는 방법이야. 의인법과 비슷한 것으로, 활유법이 있어. 활유법은 무생물을 생물처럼 표현하는 방법이야. 의인법이 활유법에 포함되는 셈이지. 결국 의인법과 활유법은 한 몸에서 나온 쌍둥이라고 할 수 있어.

① 햇살이 아주 따사롭다.
② 철썩철썩 파도 소리가 들려 온다.

이 두 문장도 괜찮아. 자연스럽고 정확하며 세련미도 없지 않아. 굳이 손을 댈 필요는 없어. 그래도 '업그레이드'를 해 볼까? 먼저 활유법을 사용해 볼게.

① 따사로운 햇살이 내게 몸을 비빈다.
   햇살의 따뜻한 숨소리가 부드럽게 들려 온다.

② 파도가 으르렁대며 다가온다.
   파도가 무서운 속도로 달려온다.

무생물인 햇살이 동물처럼 '몸을 비비는' 건 불가능해. 햇살의 '따뜻한 숨소리'는 존재하지도 않지. 파도가 사자도 아닌데 '으르렁'댈 수는 없으며 하물며 '무서운 속도로 달려오는' 일은 생길 수 없어. 하지만 활유법을 사용한 글에서는 가능해. 표현이 훨씬 멋있어졌지?

① 따사로운 햇살이 내 몸을 간질인다.
   부드러운 햇살이 내 귀에 소곤소곤 속삭인다.

② 파도가 함성을 지르면서 밀려온다.
   파도가 큰 걸음으로 성큼성큼 다가온다.

의인법을 적용해 사람의 행동인 양 문장을 고쳤어. 동물도 '몸을 간질'이거나 '소곤소곤 속삭'이지는 못 하지. '함성을 지르지'도 못 하고, '성큼성큼' 다가올 수도 없어. 꽤 재미있는 표현들이지? 자, 모두 상상력의 날개를 맘껏 펴 봐. 재미있는 문장을 만들어 보라고.

대유법 활용하기

대유법은 직유법, 은유법, 의인법(활유법)보다 복잡해. 대유법은 원관념의 일부나 속성을 보조관념으로 쓰는 방법인데, 크게 제유법과 환유법으로 나눌 수 있어.

　설명하려는 원관념이 A라고 가정해 봐. A에 속해 있는 하위 개념이 여럿 있을 거야. A에 속하는 작은 부분들도 있겠지. 이처럼 A의 일부분을 보조관념으로 활용해 A 전체를 표현하는 게 제유법이야. 반면, A의 일부분은 아니지만 A의 특징이나 속성을 잘 나타내는 단어를 보조관념으로 쓰는 게 환유법이지.

　이해가 가지 않는다고? 그럴 수도 있어. 제유법과 환유법을 구분하기는 쉽지 않아. 솔직히 말하자면, 전문가들도 잘 구분하지 못할 정도로 어려워. 실제 사례를 보지 않고서는 이해하기도 쉽지 않단다.

① (일제에) 빼앗긴 이 조국에도 해방이 찾아오긴 할까?
② 음식을 먹어서 배고픔이 해결됐다 해도 사람답게 사는 건 아니잖니?
③ 그 아이는 아주 부유한 집에서 태어났어.

이 세 문장은 모두 무난해. 그 대신 크게 두드러지지도 않아. 평범한 데다 비유적 표현이 거의 들어 있지 않기 때문이야. 이 문장에 제유법을 적용해 볼까?

① 빼앗긴 들에도 봄은 오는가?
→ 들(보조관념)은 조국(원관념)의 일부이다. 따라서 들은 조국을 뜻한다.

② 사람이 빵만으로 살 수 있니?
→ 빵은 음식(식량)의 일부분이다. 따라서 빵은 음식을 뜻한다.

③ 그 아이는 금수저를 입에 물고 태어났어.
→ 금수저는 부자들의 재산 중 일부분이다. 따라서 금수저는 부자를 뜻한다.

제유법을 조금은 이해할 수 있겠어? 다만 ③번 문장의 '금수저'는 부자들의 특징 또는 속성으로도 볼 수 있어. 그러니 환유법이라고 할 수도 있어. 이어 다음 문장을 볼까?

① 군대를 앞세운 무력이 강하다 해도 사람의 마음을 움직이는 글보다는 강하지 않다.
② 평소에 쓸모없다고 버려뒀던 것도 막상 쓰려 하니까 보이지 않는다.
③ 열심히 노력해라. 노력을 많이 하면 반드시 좋은 결과를 얻는다.

훌륭한 뜻을 가진 문장들이야. 하지만 아쉬운 점이 있어. 뜻은 좋은데 밋밋한 게 흠이지. 그러다 보니 호소력도 약해. 다음처럼 바꾸면 어떨까? 모두 환유법을 적용했어.

① 펜은 칼보다 강하다.

→ 펜(보조관념)은 글과 지식(원관념)을 뜻한다. 반면 칼은 무력과 무기의 특징이자 속성이다. 환유법이 적용된 명언이다.

② 개똥도 약에 쓰려면 없다.

→ 개똥은 쓸모없는 것을 뜻한다. 약은 좋은 것의 속성이자 특징이다. 환유법이 적용된 속담이다.

③ 땀은 사람을 배신하지 않는다.

→ 땀은 노력을 뜻한다. 노력하면 이득이 생긴다는 명언으로 환유법이 적용됐다.

의성어와 의태어 활용하기

의성어는 소리를 흉내 내는 말이야. 천둥이 내려치는 소리(우르릉 쾅), 개가 짖어 대는 소리(멍멍, 왈왈), 바람이 부는 소리(씽씽, 쌩쌩) 등이 모두 의성어지. 의태어는 모양이나 움직임을 흉내 내는 말이야.

기어가는 모양(엉금엉금), 드러눕는 모양(벌러덩), 번개가 치는 모양(번쩍) 같은 것이지.

의성어와 의태어를 활용하면 문장이 훨씬 생생해져. '화살이 날아간다!'보다 '화살이 씽씽 날아간다!'가 훨씬 생동감이 있지. '연기가 피어오르는'이란 표현보다는 '연기가 모락모락 피어오르는'이란 표현이 더 와 닿지 않니?

감탄사를 적절하게 사용하는 것도 좋은 방법이야. 감탄사는 기쁨, 놀람, 슬픔과 같은 감정을 표현할 때 사용해. '어이쿠', '이런' 같은 것이 대표적이지.

짧은 글에 의성어, 의태어, 감탄사를 집어넣으면 어떻게 바뀌는지 한번 볼까? 우선 다음 글을 읽어 봐.

빨간 딸기 아이스크림은 항상 나를 끌어당긴다. 딸기 아이스크림을 볼 때마다 입에 침이 고인다. 한 입 베어 물면 달콤한 맛이 일품이다. 그것을 먹을 때마다 구름을 타고 훨훨 나는 느낌에 빠져든다. 모든 근심과 걱정이 사라진다.

이 글에 의성어, 의태어, 감탄사를 적절히 넣어 봤어. 다음처럼 글이 바뀌었지.

오, 항상 나를 끌어당기는 빨간 딸기 아이스크림! 딸기 아이스크림을 볼 때마다 입안에 침이 그르렁그르렁 차오른다. 한 입 와삭 베어 물면 달콤한 맛이 찌릿찌릿. 정말로 일품이다. 그것을 먹을 때마다 뭉게뭉게 구름을 타고 훨훨 나는 느낌에 빠져든다. 모든 근심과 걱정이 휘 사라진다.

어때? 꼭 동화 속의 한 장면처럼 느껴지지 않니? 의성어와 의태어, 감탄사를 몇 개 추가한 것 말고는 그대로인데 말이야.

비유법을 이해할 수 있게 됐지? 이제 표현 방법을 익혀 볼까? 정의, 비교, 대조, 분류, 분석, 예시, 인용…. 이것들이 대표적인 표현 방법이야.

이런 표현 방법은 일기나 감상문에도 쓰지만 설명문이나 논설문 같은 글에 더 자주 사용해. 설명문을 설명문답게, 논설문을 논설문답게 만드는 가장 큰 요소가 바로 '형식'이야. 형식을 뒷받침하려면 이런 표현 방법이 큰 도움이 되지. 이 표현 방법을 적절히 사용하면 글에서 무게감이 느껴져. 더불어 글에 대한 신뢰도도 높아진단다.

여러 표현 방법을 능숙하게 다룰 수 있다면 일기나 감상문, 기행문에도 충분히 활용할 수 있어. 다만 그 정도 경지에 오르기까지는 훈련이 꽤나 필요할 거야. 설명문과 논설문에서 많이 사용하는 표현 방법에는 어떤 것이 있는지 구체적으로 살펴볼까?

정의

설명하려고 하는 대상이 무엇인지를 글로 풀어 주는 방법이야. 정의를 사용해 문장을 만들면 '무엇은 무엇이다'가 되지.

정의는 어려운 개념을 쉽게 이해시키려는 목적으로 사용하는 표현 방법이야. 특정 단어의 뜻을 모르면 사전을 찾지? 사전에 나온 내용들이 대부분 정의에 해당한다고 보면 크게 틀리지 않아. 예문을 볼까?

① 세시풍속은 크게는 민족에서 작게는 촌락 단위로 전해 내려오는 의례나 의식, 놀이를 가리키며 매년 계절에 맞춰 되풀이된다.

→ **세시풍속의 정의다.**

② 컴퓨터는 전자 회로를 사용해 자동으로 계산하고 데이터와 영상 정보 등을 처리하는 기계 장치다.

→ **컴퓨터의 정의다.**

③ 야구는 9명씩 팀을 이룬 뒤 공을 배트로 쳐서 득점을 많이 내는 팀이 이기는 스포츠 종목이다.

→ **야구의 정의다.**

정의 방법을 쓰려면 지식이 많아야 해. 사실 모든 용어의 정의를 암기하고 다니는 학생이 얼마나 있겠어? 글을 쓸 때 백과사전이나 다른 책을 참고해서 '어려운 용어'에 대해 정의를 내리겠지. 그래도 여러 개념을 꺼내 놓고 정의를 내리는 훈련을 해 봐. 그러면 사고 체계가 훨씬 논리정연해질 거야.

비교

특정 단어에 대해 정의를 내렸는데도 잘 이해가 안 간다면? 그 단어 자체가 너무 어려워서 그럴 수도 있고, 문장 자체가 딱딱해서 그럴 수도 있어. 이럴 때는 설명하려는 대상을 다른 대상에 견주는 방법을 써 봐. 서로의 공통점을 찾아내 제시하는 건데, 그게 바로 비교야.

① 한국 세시풍속 단오와 서양의 크리스마스는 예로부터 오랫동안 이어져 내려온 축제다. 이날을 기념하기 위해 여러 행사가 열린다는 점도 비슷하다.
→ 단오와 크리스마스의 공통점을 비교했다.

② 야구와 골프는 공을 배트나 클럽으로 치고, 기록된 점수로 승패를 다투는 운동 종목이다.
→ 야구와 골프의 공통점을 비교했다.

서로 비슷한 점을 이런 식으로 비교해 표현하면 독자들이 생각을 정리할 때 훨씬 수월해져. 비교하는 대상은 꼭 하나가 아니어도 돼. 공통점이 있다면 여러 개의 대상을 한꺼번에 비교해도 되지.

대조

때로는 이와 정반대 상황이 나올 수도 있어. 공통점이 없거나, 있기는 하지만 차이점이 더 많을 경우야. 혹은 공통점보다는 차이점을 부각하고 싶을 때도 있겠지.

　이럴 때는 차이점을 찾아내 제시하는 게 더 효과적인 설명 방법이야. 이처럼 차이점을 부각하는 방법이 대조란다. 대조는 비교와 정반대의 표현 방식이라고 할 수 있어. 비교 문장과 어떻게 차이가 나는지 볼까?

> ① 한국 세시풍속 단오 축제는 특정 종교와 아무런 관련이 없다. 반면 전 세계의 축제인 크리스마스는 원래 예수 탄생을 기리는 날에서 시작됐다.
> **→단오와 크리스마스의 차이점을 대조 방식으로 표현했다.**

> ② 똑같이 공을 다루는 경기라 해도 야구와 골프는 다르다. 야구는 움직이는 공을 치는 반면 골프는 정지된 공을 친다.
> **→ 야구와 골프의 차이점을 대조 방식으로 표현했다.**

비교와 대조는 한 몸뚱어리에서 나온 쌍둥이와 같아. 표현 방법이 원칙적으로 다르지 않기 때문이야. 공통점을 찾아내면 비교, 차이점을 찾아내면 대조가 되니까.

비교와 대조를 자유자재로 쓴 글을 읽는 독자는 많은 지식을 '손쉽게' 이해할 수 있어. 그러니 비교와 대조 표현법을 충분히 연습해 둬. 때로는 공통점을, 때로는 차이점을 부각시키면서 글을 쓰는 것이 어쩌면 롤러코스터와 비슷하지 않니?

분류

설명할 대상의 개념을 설명하는 방법이 정의야. 때론 이 방법이 성에 안 찰 수가 있어. 설명할 대상을 더 자세하고 체계적으로 풀어내야 할 상황이라면 당연히 그럴 수 있지.

이럴 때 사용할 수 있는 표현법이 분류야. 분류는 설명할 대상을 체계적으로 나누거나 묶어 표현하는 방법이지. 어렵다고? 예문을 보면 바로 이해할 수 있을 거야.

① 생물은 동물과 식물로 나눈다. 동물은 뼈가 있느냐 없느냐에 따라 척추동물과 무척추동물로 나눈다. 척추동물은 다시 포유류, 조류, 어류, 파충류, 양서류, 어류로 나눈다.

→ 생물을 뼈가 있느냐 없느냐에 따라 분류했다. 그다음에는 척추동물을 다시 분류했다.

② 스포츠는 계절에 따라 하계 스포츠와 동계 스포츠로 나눈다. 하계 스

포츠는 ~이고, 동계 스포츠는 ~이다. 다루는 도구에 따라서는 공을 다루는 스포츠, 라켓을 쓰는 스포츠, 스케이트나 스키를 이용하는 스포츠, 도구 없이 맨몸으로 대결하는 스포츠 등으로 나눈다.

→ **스포츠를 계절에 따라 분류했고, 이어 다루는 도구에 따라 분류했다.**

이 예문은 생물 종류와 스포츠 종류를 분류 방법으로 설명했어. 분류를 활용한 글을 직접 보니 어렵지 않지? 그렇다면 이제 분류를 활용해 짧은 글을 써 봐. 단, 이때 지켜야 할 원칙이 있어.

첫째, 분류의 기준을 제시해야 해. 첫 번째 예문에서는 뼈가 있느냐 없느냐에 따라 분류했지? 두 번째 예문에서는 계절에 따라, 혹은 도구에 따라 스포츠의 종류를 분류했어. 이 기준이 없으면 분류하는 게 불가능하단다. 기준 없이 마구잡이로 나열하는 것은 분류가 아니야.

둘째, 그 기준에 맞춰 나눠야 해. 이때도 꼭 지켜야 할 원칙이 있어. 바로 큰 단위에서 작은 단위로 나눠야 한다는 거야. 동물에서 척추동물로, 다시 척추동물에서 포유류, 조류, 어류 등으로 나눈 것처럼 말이지. 작은 단위에서 큰 단위로 합쳐 버린다면 그건 분류가 아니야. 꼭 알아 두렴.

분석

분류와 비슷한 표현 방법으로 분석이란 것이 있어. 분류는 일정한 기준에 따라 나누거나 종류별로 묶는 것이지? 분석은 설명하려는 대상 자체에 주목해서, 그 대상의 구조를 해부하듯이 나누는 거야. 복잡하다고? 이 또한 예문을 보면 이해하기가 쉬울 거야.

① 곤충은 머리, 가슴, 배의 세 마디 구조로 돼 있다. 머리에는 2개의 겹눈, 3개의 홑눈, 한 쌍의 더듬이가 있다. 가슴에는 세 쌍의 다리와 두 쌍의 날개가 있다.
→ **곤충의 몸 구조를 해부하듯이 분석했다.**

② 컴퓨터는 크게 입력 장치와 중앙처리 장치, 출력 장치로 나눈다. 중앙처리 장치는 연산 장치와 제어 장치, 기억 장치를 합친 것이다. 입력 장치로 키보드가 대표적이고, 중앙처리 장치로는 CPU와 메모리카드가 대표적이며, 출력 장치로는 모니터와 프린터가 대표적이다.
→ **컴퓨터의 구조를 분석했다.**

①번은 곤충을 분석한 거야. 곤충의 종류로 이런저런 것이 있다고 썼다면 분류가 되겠지? 하지만 곤충의 몸 구조를 '분류'할 수는 없잖아? 글쓴이는 곤충 자체에 주목했고, 그 결과 크게 세 덩어리로 돼 있다고 분석한 거야. ②번은 컴퓨터의 구조가 어떻게 돼 있는지를 분석했어. 만약 컴퓨터의 종류로는 매킨토시와 IBM이 있다는 식으로 글을 썼다면 분류가 됐겠지.

비교와 대조가 쌍둥이라고 했잖아? 분류와 분석도 마찬가지야.

큰 단위에서 작은 단위로 쪼개면 분류, 해부하듯이 낱낱이 쪼개면 분석이 되는 거지.

예시

예시는 설명하려는 대상 혹은 개념과 관계가 있는 사례를 보여 주는 방법이야. 아무리 어려운 원리나 법칙이라고 하더라도 사례를 보여 주면 이해하기가 훨씬 쉬워져. 이 책에도 수많은 예문이 등장하는데, 그 예문들을 예시라고 생각하면 크게 틀리지 않아.

① 수요 공급의 법칙에 따라 시장 가격이 결정된다. 수요가 공급보다 많으면 가격은 올라가고, 공급이 수요보다 많으면 가격이 떨어진다. 예를 들어 시장에 공급된 연필이 100개, 사려는 사람이 100명이라고 해 보자. 사려는 사람이 200명으로 늘어나면 연필이 부족해지면서 가치가 올라간다. 당연히 가격도 올라간다. 사려는 사람은 100명 그대로인데 연필 공급량이 200개로 늘어나면 정반대로 연필의 가치가 떨어지면서 가격도 떨어지는 것이다.

→ 수요 공급의 법칙과 가격 결정 방법에 대한 예시다. 이해하기 쉽도록 연필 사례를 들어 설명했다.

② 열량은 몸 안에서 발생하는 에너지의 양을 말한다. 사람은 식품에 들

어 있는 탄수화물, 지방, 단백질을 통해 이 에너지를 획득한다. 탄수화물과 단백질은 1g당 4kcal, 지방은 1g당 8kcal의 열량을 낸다. 보통 성인 남성은 하루에 2,500kcal, 여성은 2,000kcal 정도를 소모한다. 식품을 너무 많이 섭취하면 이 에너지가 넘쳐나서 비만이 된다. 따라서 각 식품의 열량에 대해 어느 정도 알아두는 게 좋다.

예를 들면 밥 한 공기는 250~300kcal, 떡볶이 1인분은 450~500kcal, 돈가스 1인분은 550~600kcal, 삼계탕 1인분은 650~700kcal, 유부초밥 1인분(10개)은 750~850kcal, 짜장밥 1인분은 950~1050kcal 정도다.

→ 열량을 쉽게 이해시키기 위해 예시 방법을 사용했다. 각 음식별로 열량을 밝혔다.

수요와 공급의 법칙을 설명하는데 정의, 비교, 대조, 분류, 분석만으로 선뜻 이해가 될까? 아니야. 연필 사례가 없다면 쉽게 이해할 수 없을 거야. 왜 예시가 필요한지 잘 알겠지?

인용

마땅한 사례를 찾지 못한다면? 책이나 신문, 잡지 등에 나와 있는 글을 끌어다 쓸 수 있어. 이 방법이 인용이야. 인용은 말 그대로 다른 글이나 말을 가져다 쓰는 방법이야. 설명하려는 대상을 좀 더 쉽게,

구체적으로 풀어 알려 줄 때 쓰지.

독서는 지식뿐 아니라 감성을 키우는 데도 도움을 준다. 로마 제국을 세운 카이사르는 "약으로 병을 고치는 것처럼 독서로 마음을 다스린다"고 했고, 철학자 쇼펜하우어는 "음식으로 체력을 키우지만 독서로는 정신력을 키운다"고 했다.
→ **카이사르와 쇼펜하우어의 명언을 인용해 독서의 중요성을 설명했다.**

독서의 중요성을 강조하는 글이야. 구구절절이 독서의 중요성을 말하는 대신 역사 속 인물의 명언을 인용함으로써 독자의 관심을 끌었어. 다만 여기에서 명심해야 할 게 있어. 인용을 할 때는 출처를 정확하게 밝혀야 해. 출처를 밝히지 않고 마치 자신이 생각해 낸 것처럼 글을 써서는 안 돼. 그러면 '표절'이 되거든.

자, 이제 다양한 표현 방법을 모두 익혔어. 이 방법들을 모두 적용한 짧은 글을 한번 만들어 봤어. 모든 방법을 적용했더니 별다른 장치가 없는데도 그럴싸한 설명문이 된 것 같아. SNS에 대한 짧은 글이야.

SNS(Social Network Service)는 여러 사람이 관계(Network)를 맺고 정보를 공유하는 서비스로, 우리말로는 사회관계망 서비스라 부른다.
→ SNS의 정의

SNS는 회원만 이용할 수 있는 폐쇄 유형, 신분을 노출하지 않는 익명 유형, 관심 사안별로 만든 주제형 등이 있다. 대표적인 SNS로는 페이스북, 트위터, 인스타그램, 밴드, 카카오스토리 등이 있다.

→ SNS의 유형 및 종류에 대한 분류

SNS 화면은 정보를 공유하기 쉽게 돼 있다. 페이스북 초기화면의 경우 로그인, 타임라인, 정보, 사람, 사진, 동영상 등으로 화면을 구성했다.

→ SNS 화면 구조의 분석

SNS는 무선으로 메시지를 서로 전달한다는 점에서 모바일 메신저와 비슷하다.

→ 모바일 메신저와의 공통점 비교

하지만 모바일 메신저가 주로 메시지만 전달하는 데 반해 SNS는 다양한 콘텐츠를 생산한다는 점에서는 두 서비스가 다르다.

→ 모바일 메신저와의 차이점 대조

휴대폰이 널리 보급된 것이 SNS 성장에 크게 기여했다. 늘 가지고 다니는 휴대폰으로 다양한 콘텐츠를 만들 수 있고, 바로 SNS를 통해 공유할 수 있기 때문이다. 이와 관련해 외국의 A 보고서는 "SNS는 휴대폰에 가장 잘 어울리는 서비스다"고 말했다.

→ 외국 A 보고서 인용

이제 SNS는 없어서는 안 될 문화로 자리 잡았다. 예를 들어 어떤 기업은 SNS로 업무보고를 하게 한다. SNS를 사용하지 않으면 업무를 할 수 없는 것이다. 또 다른 예를 들자면, 가정통신문을 SNS로 보내는 초중고교도 늘어나고 있다.

→ 다양한 SNS 활용 방법 예시

여긴가? 동굴 싫은데...

김작가

맞군...

김작가네 1 km

아무것도 안 보여…

아야! 뭐야?

하지 마! 아프다고!

소리라도 들리면 좋을 텐데

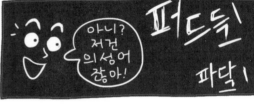

아니? 저건 의성어 잖아!

퍼드득

파닥!

의성어가 있으니까 눈앞에 생생하게 보이는구나

파닥

휙

퍼드득

의성어나 의태어가 이다지도 중요했다니

4주

10주완성

묘사와
서사
글 써 보기

과제

01 200~500자 분량의 짧은 글 2개 쓰기 (자연현상, 학교생활, 가정생활, 취미, 특기 등)

02 그 글을 다시 보면서 문장을 짧게 하고 접속사를 줄이는 등 글을 다듬기

03 그 글을 서사 위주의 글로 바꾸기

04 그 글을 묘사 위주의 글로 바꾸기

4주부터는 본격적으로 글쓰기 단계로 돌입할 거야. 물론 3주째 훈련에서도 직접 글을 만들어 봤어. 다만 그때는 '좋은 문장'을 만드는 데 필요한 표현 기법이란 점에서 문장 훈련으로 보는 게 타당할 거야.

이제부터는 직접 문장과 문장을 이어 글을 만들어야 해. 무턱대고 문장을 연결한다고 해서 좋은 글이 나오지는 않아. 글을 생동감 있게 만드는 방법을 익힐 필요가 있어. 그래야 생생한 글이 되니까. 여러 방법이 있겠지만 대표적인 것이 '서사'와 '묘사'야.

이제 과제 4개를 이행하면 돼. 《과제 02》는 이미 1~2주 때 이행했던 거야. 이미 훈련한 것을 또 할 필요가 있느냐고? 노력은 쌓임으로써 좋은 결과로 이어지는 거야. 그러니 이미 끝낸 과정이라고 소홀히 해서는 안 돼. 이 과제도 꼭 이행하는 게 좋겠지?

예시

01 아침부터 비가 많이 내려 학교에 가려면 일찍 서둘러야 했다. 학교

가는 도중에 비가 더 많이 내려 옷이 다 젖어 버려 기분이 좋지 않았는데 두 시간 정도가 지나니까 다 말라 기분이 좋아졌다.

02 아침부터 비가 많이 내렸다. 학교에 가려면 일찍 서둘러야 했다. 학교 가는 도중에 비가 더 많이 내려 옷이 다 젖었다. 기분이 나빴다. 다행히 두 시간 정도가 지나 옷이 말랐다. 기분이 다시 좋아졌다.

03 아침 일찍부터 비가 내렸다. 시간이 흐르면서 비가 거세졌다. 오전 8시 30분쯤, 학교로 가는 길에 비가 가장 세차게 내려쳤다. 학교로 가는 10분 사이에 청바지가 모두 젖었다. 젖은 옷이 살갗에 달라붙어 미간이 찡그려졌다. 오전 10시가 넘어 빗발이 약해지기 시작했다. 젖은 청바지도 서서히 말랐다. 낮 12시쯤 비가 그쳤다. 구름 뒤에 숨었던 해가 모습을 드러냈다.

04 아침부터 비가 내렸다. 빗물이 유리창을 모두 가려 창밖이 보이지 않았다. 밖에 나가 보니 도로 곳곳이 물웅덩이가 돼 있었다. 그 위로 빗방울이 또다시 세차게 떨어졌다. 청바지는 비에 젖어 서서히 남색으로 바뀌었다. 진한 남색이 된 청바지는 묵직하고 축축했다. 저절로 미간이 찡그려졌다. 두 시간 정도가 지나 청바지는 본래의 색을 되찾았다. 내 얼굴도 활짝 펴졌다.

01 _____
_____
_____
_____

02 _____
_____
_____
_____

03 _____
_____
_____
_____

04 _____
_____
_____
_____

　어떻게 하면 글을 잘 쓸 수 있을까? 이런 고민을 한다면 생각이나 느낌을 단 한 줄, 혹은 단 하나의 단어로 압축하는 습관부터 버려야 해. 이게 무슨 뜻인지는 다음 사례를 보면 알 수 있을 거야. 초등학교 6학년 학생이 쓴 영화 감상문에서 일부를 가져 왔어.

아빠의 추천으로 일본 감독 미야자키 하야오의 〈천공의 성 라퓨타〉와 〈바람 계곡 나우시카〉를 봤다. 〈천공의 성 라퓨타〉는 시타의 비행석으로 라퓨타의 위치를 찾아내 모험을 떠나는 내용이다. 〈바람 계곡 나우시카〉는 공주 나우시카가 초대형 곤충들의 습격으로부터 계곡을 안전하게 지키는 내용이다. 영화는 둘 다 재미있었다.

난 예전에 이 두 영화 외에 〈하울의 움직이는 성〉, 〈센과 치히로의 행방불명〉, 〈월령공주〉, 〈폼포코 너구리 대작전〉, 〈이웃집 토토로〉와 같은, 미야자키 하야오의 영화를 많이 봤다. 모두 재미있었다. 미야자키 하야오는 상상력이 풍부한 것 같다.

영화 감상문에는 글쓴이의 생각과 느낌이 많이 들어가야 해. 아쉽게도 이 글에서는 그것이 많이 보이지 않아. 기껏해야 "재미있었다"거나 "상상력이 풍부한 것 같다"는 식의 짤막한 설명이 전부지. 초등학교 6학년이란 점을 감안해도 표현이 너무 단조로워.

이 친구는 정말로 이 여러 편의 영화를 보면서 재미있었다는 느낌 외에는 받지 않았을까? 아니야. 여러 느낌과 생각이 있지만 그것을 "재미있다"와 "상상력이 풍부하다"로 압축해 버렸을 뿐이야. 실제로는 훨씬 더 다양하고 많은 감정을 느꼈을 거야.

이 친구에게 이 점을 지적해 줬어. 재미있는 부분을 좀 더 구체적으로 표현할 것을 권했지. 또 "상상력이 풍부하다"고만 쓰지 말고 어떤 대목에서, 그런 점을 어떤 방식으로 느꼈는지를 생각해 보라고 했어. 그 결과 이 친구는 다음과 같이 글을 고쳤어.

아빠의 추천으로 일본 감독 미야자키 하야오의 〈천공의 성 라퓨타〉와 〈바람 계곡 나우시카〉를 봤다.

〈천공의 성 라퓨타〉는 시타의 비행석으로 라퓨타의 위치를 찾아내 모험을 떠나는 내용이다. 처음부터 끝까지 손에 땀을 쥐게 하는 모험이 이어졌다. 영화를 보는 내내 화면에서 시선을 떼지 못했다.

〈바람 계곡 나우시카〉는 공주 나우시카가 초대형 곤충들의 습격으로부터 계곡을 안전하게 지킨다는 줄거리다. 환경 파괴로 지구는 폐허가 됐고, 결국에는 인간이 재앙을 맞을 수도 있다는 교훈이 담겨 있다. 이 영화도 마찬가지로 시종일관 숨을 죽이면서 봤다. 재미를 주면서도 감동과 교훈을 주는 영화였다.

난 예전에 〈하울의 움직이는 성〉, 〈센과 치히로의 행방불명〉, 〈월령공주〉, 〈폼포코 너구리 대작전〉, 〈이웃집 토토로〉와 같은, 미야자키 하야오의 영화를 많이 봤다. 미야자키 하야오의 영화에는 다른 일본 애니메이션과는 다른 매력이 있었다. 이제 보니 그 매력이 뛰어난 상상력인 것 같다.

미야자키 하야오의 영화는 대사 하나하나, 장면 하나하나로부터 엄청난 상상력이 느껴진다. "돌이 수군댄다"라는 대사나, 비행선을 비행기가 아닌 배처럼 만든 것도 인상적이었다. 배가 구름 위에서 항해하는 것 같은 느낌이 들었다. 실제로 비행선을 그런 모양으로 만들면 금방 추락하겠지만, 미야자키 하야오는 개의치 않은 것 같았다.

이 글을 쓰기까지 이 친구는 더 고민했고, 더 오랜 시간을 투자했어. 글이 조금 더 길어졌지. 표현이 훨씬 다양해졌어. 정말로 놀라운 결과지? 고친 글을 읽는 독자들은 '이게 같은 사람이 쓴 글이 맞아?' 라고 생각할 수도 있을 것 같아.

무엇보다 "재미있다"로 압축해 버린 생각과 느낌을 생생하게 살려낸 점이 기특해. "손에 땀을 쥐게 하는 모험"이나 "화면에서 시선을 떼지 못했다", "숨을 죽이면서 봤다", "재미를 주면서도 감동과 교훈을 주는 영화" 등 말이야.

"상상력이 풍부한 것 같다"라는 한 문장으로 요약해 버린 결론도 훨씬 다채로워졌어. "다른 매력이 있었다", "그 매력이 뛰어난 상상력인 것 같다", "대사 하나하나, 장면 하나하나로부터 엄청난 상상력이 느껴진다", "돌이 수군댄다", "배가 구름 위에서 항해하는 것 같은 느낌" 등등.

이 글을 읽는 것만으로도 영화 속 장면을 어느 정도는 상상할 수 있게 됐어. 그냥 "상상력이 풍부하다"는 문장만 있을 때는 전혀 짐작할 수도 없는 일이야.

세련된 글을 쓰고 싶다면 이처럼 생각과 느낌을 더 구체적이고 다양하게 표현하는 훈련을 해야 해. 글쓰기에 자신이 없는 학생에게는 쉽지 않을 수도 있어. 실제로 많은 학생이 글을 쓸 때 '행복하다, 즐겁다, 기쁘다, 슬프다, 재미있다, 지겹다, 어렵다'와 같은 단어를 많이 쓴다. 왜 행복한지, 얼마나 어려운지, 슬픈 정도는 어느 정도인지까지 깊게 생각하지 않아.

하지만 세련된 글을 원한다면 느낌과 생각을 다양한 방법으로 생생하게 써야 해. 즐겁다는 단어를 쓰지 않아도 독자가 '아, 이 친구가 정말 즐거워하고 있구나!'라고 느낄 수 있도록. 자, 훈련을 해 볼까? 여기 짧은 글이 있어. 이 글을 풍성하고 세련되게 고쳐 봐.

나는 빨간 딸기 아이스크림이 좋다. 딸기 아이스크림은 참으로 맛있다. 먹을 때마다 나는 행복을 느낀다.

어떤 글이 나왔을까? 나도 한번 고쳐 봤어. '좋다, 맛있다, 행복을 느낀다'와 같은 말은 쓰지 않았어.

빨간 딸기 아이스크림은 항상 나를 끌어당긴다. 딸기 아이스크림을 볼 때마다 입에 침이 고인다. 한 입 베어 물면 달콤한 맛이 일품이다. 그것을 먹을 때마다 구름을 타고 훨훨 나는 느낌에 빠져든다. 모든 근심과 걱정이 사라진다.

"좋다"는 표현을 "아이스크림이 나를 끌어당긴다"로 바꿨어. 아이스크림이 자석처럼 내 몸을 당기는 장면이 상상되지 않니? "맛있다"고 했을 때는 별 감흥이 없었는데 "입에 침이 고인다"고 하니 그 아이스크림을 먹고 싶을 수도 있을 거야. "행복을 느낀다"고 했을 때는 아무런 감정이 없었지만 "구름을 타고 나는 느낌", "근심과 걱정이 사라진다"고 하니 정말로 아이스크림을 먹을 때 행복을 느낀다는 사실을 어렴풋이 알 것 같지?

이처럼 구체적인 표현이 들어가야 비로소 글이 다채롭고 생동감 있게 느껴져. 그러니 감정과 생각을 어떻게 하면 생생하게 풀어낼 수 있을까 항상 고민해야 해.

서사하기

《과제 03》을 이행하려면 서사의 개념부터 알아 둬야 해. 혹시 오늘 아주 흥미로운 일을 겪었니? 친구나 엄마, 아빠에게 그 이야기를 들려줬어? 그럴 때 "오늘 흥미로운 일이 있었어!"라고만 하고 이야기를 끝내진 않을 거야. 아마도 앞뒤 정황을 자세하게 얘기하겠지. 그랬다면 이미 서사를 시작했다고 볼 수 있어.

일기를 한두 번은 써 봤을 거야. 그날의 이야기를 시간 순서대로 적었겠지? 여행을 다녀온 후 쓰는 기행문에서도 여행지 순서에 따라 감상을 적었을 거야. 이것 또한 서사에 해당돼. 서사란 게 알고 보면 그리 어렵지 않아.

서사는 시간의 흐름에 따라 이야기를 전개하는 방법이야. 그러니 시간을 염두에 두는 것은 필수지. 시간을 뒤죽박죽으로 만들어 버리면 '어설픈 서사'가 돼 버려.

아빠와 여행을 다녀왔다. 인천에서 배를 타면 도착하는 섬이 여행지다. 1박 2일로 여행을 했는데, 피곤하긴 하지만 아주 즐거웠다. 배를 타고 갈 때부터 설레였다. 배를 타고 싶었지만 그동안 탈 기회가 없었기 때문이다.

섬에서 낚시를 했는데, 정말 재미있었다. 물고기 이름은 모르겠는데, 한 마리를 잡았다. 더 많이 잡았으면 좋았을 거라는 생각이 들었다. 조개를 캐는 것은 너무 더워서 하지 않았다. 밤에 라면을 끓여 먹는 것은 색다른 맛이었다.

중학생은 방학이 학기 중일 때보다 더 바쁘다. 다녀야 할 학원이 더 많기 때문이다. 그런데 배를 타고 섬에 가니 기분이 한결 나아졌다. 내년 방학에도 섬에 다시 가고 싶다.

이 글은 서사에 실패했어. 시간의 흐름이 제대로 보이지 않기 때문이야. 이 글을 쓴 학생은 여행에서 있었던 일을 뒤죽박죽으로 정리했을 뿐이야. 시간의 흐름을 따라가면서 재미있었던 일화를 들려줘야 하는데 그렇게 하지 못했지. 갑작스럽게 느낌과 소감이 툭 튀어나온 것도 어색해.

이 글을 쓴 친구에게 서사 기법을 가르쳐 주고, 글을 다시 자세히 쓰도록 해 봤어. 문법적으로 아주 어긋난 문장은 약간 손을 봐 줬지. 그랬더니 다음과 같은 글이 나왔어.

8월 2일 아빠와 1박 2일 일정으로 섬 여행을 갔다. 오전 11시에 인천에서 섬으로 가는 배를 탔다. 배를 타기 전부터 마음이 설레였다. 배를 타고 싶었지만 그동안 그럴 기회가 없었기 때문이다.

배가 출발했다. 바닷바람이 상쾌했다. 처음에는 갑판에 나와서 바다 구경을 했다. 하지만 30분 정도가 지나자 햇볕이 따가워 객실로 들어갔다. 객실 안에서도 창문을 통해 바다를 구경할 수 있어 좋았다.

1시간 10분 정도가 지나자 배가 섬에 도착했다. 아빠와 나는 선착장 가게에서 갯지렁이를 샀다. 이어서 방파제에 가서 낚시를 했다. 아빠가 몇 차례 낚싯대를 당겼는데, 물고기는 잡지 못했다. 1시간 정도가 지나자 조금은 지루한 감이 들었다. 하품을 하던 찰나에 낚싯대를 잡은 내 손에 '톡톡' 하는 느낌이 왔다. 아빠가 릴을 빨리 감으라고 했다.

굉장히 흥분됐다. 나는 아주 빠른 속도로 릴을 감았다. 곧이어 물가 표면에 낚싯바늘이 모습을 드러냈다. 물고기가 매달려 있었다. 내가 난생처음으로 물고기를 잡은 것이다! 물고기 이름은 모르지만 난 정말 뿌듯했다. 휴대폰 카메라로 물고기를 찍어 뒀다.

그 후 햇볕이 따가워져서 조개를 캐기로 한 계획을 바꿨다. 우리는 미리 예약해 둔 민박집에 갔다.

(중략)

중학생은 방학이 학기 중일 때보다 더 바쁘다. 다녀야 할 학원이 더 많기 때문이다. 그래서 이번 섬 여행이 피곤하면서도 더욱 기억에 남는다. 그토록 타고 싶었던 배도 타고, 난생처음 낚시로 물고기도 잡았기 때문이다. 내년 방학에도 섬에 다시 가고 싶다.

글이 많이 길어졌어. 그 대신 글이 정말로 자세해졌고, 그만큼 생생해졌지. 글을 읽고 있는데 이 친구의 여행 풍경이 머릿속에 그려지지 않니? 이게 바로 서사의 힘이야.

서사를 잘하려면 이야기를 만들 줄 알아야 해. 누가, 언제, 어디서, 무엇을, 어떻게, 왜 했는지 육하원칙을 잘 따져 봐야지. 이야기를 전개할 때도 앞과 뒤, 시작과 끝이 명확한지 살펴야 해. 어느 사건이 먼저 일어났는지 애매모호하게 글을 쓰면 서사는 실패한 거야.

혹시 앞으로 전문적으로 글을 쓸 계획이 있니? 창작 활동을 주업으로 하는 작가가 되고 싶어? 그렇다면 서사 훈련은 기본 중의 기본이야. 단 하나의 사건만 서사로 표현할 게 아니라 여러 사건을 동시에 서사로 표현할 줄 알아야 해. 각각의 사건이 어떻게 연결되는지도 충분히 염두에 둬야지. 또 시간과 공간적 배경을 어떻게 할지도 생각해 둬야 해. 물론 글을 쓰기 전에 충분히 고민해야겠지?

묘사하기

서사는 시간의 흐름에 따라 이야기를 풀어내는 방법이야. 영화나 소설처럼 줄거리가 담겨 있어. 따라서 서사를 할 때는 일어난 일, 즉 사건이 상당히 중요해. 이와 달리 묘사는 눈에 보이는 것을 아주 자세하게 들려주는 방식이야. 서사를 영화에 비유한다면, 묘사는 섬세한 사진에 비유할 수 있어.

많은 학생들이 묘사에 익숙하지 않아. 대체로 묘사하기보다는 설명하려 하지. 왜 그럴까? 관찰을 덜 해서 그럴 수도 있고, 글을 어떻게 쓸까 고민을 덜 해서일 수도 있어. 물론 설명만 제대로 해도 훌륭한 글이 될 수 있어. 다만 설명 위주의 글은 읽는 재미가 떨어진다는 단점이 있단다. 반대로 묘사가 많은 글은 훨씬 생생하고 흥미롭지.

아주 사소한 장면까지 일일이 묘사할 필요는 없어. 하지만 세밀하게 표현해야 할 장면도 있기 마련이야. 그럴 때 대충 설명하고 넘어가면 글의 재미가 떨어지겠지? 어떨 때는 현미경으로 들여다보듯이 미세하게 표현해야 글맛이 제대로 날 수도 있어. 그 경우에는 반드시 묘사를 해야겠지. 설명과 묘사를 비교해 볼까?

① 내 친구 민지는 예쁘게 생겼다.

→ 민지의 얼굴에 대해 간략하게 설명했다.

② 내 친구 민지의 얼굴은 턱이 갸름한 달걀형이다. 민지의 눈은 뭐든 빨아들일 만큼 크고 깊으며 눈썹은 가늘면서 길다. 콧날이 살짝 서 있어 세련된 느낌을 준다. 입은 크지도 작지도 않다. 그 대신 입술이 약간 도톰한 편이라서 입을 열 때마다 귀여운 느낌을 준다. 그뿐만 아니라 눈, 코, 입, 귀가 전체적으로 잘 조화돼 있다.

→ 민지의 생김새를 자세히 하나하나 묘사했다.

②번 예문을 읽다 보면 민지의 얼굴을 상상할 수 있을 거야. 굳이 예쁘다는 설명을 붙이지 않았는데도 민지가 예쁘다는 인상을 받아. 물론 ①번 문장이 틀리거나 잘못된 건 아니야. 한 줄로 설명했으니 더 명쾌할 수도 있지. 하지만 눈이 큰지 작은지, 콧날은 오똑한지 낮

은지 등 생김새에 대한 정보가 전혀 없어. 결국 ①번 글을 읽은 독자는 글쓴이가 예쁘다고 하니 그렇게 믿어야 하는 수밖에 없어. 설명과 묘사를 또 비교해 볼까?

① 눈이 엄청나게 많이 내렸다. 온 세상이 하얗게 변했다.

② 눈이 내리기 시작했다. 바람 한 점 불지 않는다. 눈은 평화롭게 땅 위로 내려앉았다. 한 겹, 두 겹, 세 겹…. 눈은 소리 없이 쌓였다. 들판 위의 초록빛이 서서히 사라졌다. 해가 지고 어둑어둑해졌다. 하지만 들판은 하얗다. 사방은 온통 하얀색. 멀리 시골 마을의 낮은 집에서 새어 나오는 희미한 불빛만이 지금이 밤이란 사실을 알려준다.

①번은 설명, ②번은 묘사 위주의 글이란 걸 알겠지? 아마 ①번만 읽어도 어느 정도 장면이 머릿속에 그려질 거야. 눈이 엄청나게 내리면 세상이 하얗게 변하는 건 당연한 데다 '하얗다'는 표현까지 있으니까. 하지만 단조로워. 하얗게 변한 세상의 느낌을 자세히 알 수는 없지.

묘사 위주로 바꾸면 글이 아주 다채로워져. ②번 예문을 읽다 보면 아주 생생하게 눈 내리는 풍경을 머릿속에 그릴 수 있어. 바람 한 점 없이 사뿐히 내려앉는 그림, 이어 먼 마을에서 새어 나오는 불빛, 마침내 온통 하얗게 변한 눈의 나라….

묘사 기법이 참으로 매력적이지? 묘사는 이처럼 눈에 보이는 풍경에만 사용할 수 있을까? 아니야. 묘사는 여러 상황에 다 적용할 수 있어. 다음 두 문장을 비교해 봐.

① 형석이가 수비수 두 명을 제치고 골을 넣어 우리 팀이 아슬아슬하게 2대 1로 이겼다.
→ **친구가 골을 넣어 우리가 승리했다는 사실을 간략하게 설명했다.**

② 형석이가 중앙선에서부터 공을 몰고 들어갔다. 상대편 중간수비수가 형석이를 막아섰다. 형석이가 왼쪽으로 몸을 돌리는 척하다 오른쪽으로 돌려 중간수비수를 따돌렸다. 이어 최종수비수와 마주쳤다. 형석이는 뒤로 패스하는 척하다 그대로 돌진했다. 최종수비수마저 따돌리니 골키퍼와 1대 1 상황이 됐다. 형석이는 왼발 안쪽으로 공을 가볍게 차 넣었다. 공은 그대로 골문으로 빨려 들어갔다. 우리 팀이 2대 1로 리드하기 시작했다. 얼마 후 심판이 종료 휘슬을 울렸다. 팽팽한 승부 끝에 마침내 우리가 승리했다.
→ **마치 연속 사진 촬영하듯이 친구의 활약을 자세하게 기록했다. 묘사 기법을 활용했다.**

어때? ②번 예문이 훨씬 박진감 넘치지? 그런데 이런 의문이 들 수도 있어. '보이는 것만 묘사할 수 있는 거 아니야? 보이지 않는 대상은 묘사할 수 없잖아! 설명할 수밖에 없어!' 결과부터 말하자면, 보이지 않는 대상도 충분히 묘사를 활용할 수 있어. 사람의 감정 상태도 가능하지. 사람의 감정을 설명한 글과 묘사한 글을 비교해 볼까?

① 민섭이는 시험 점수가 좋게 나오지 않아 상당히 기분이 나쁜 것 같았다. 그래서인지 평소에 화를 잘 내지 않던 민섭이가 오늘따라 화를 많이 냈다.

→ **시험을 잘 못 치른 민섭이가 화가 났다는 사실을 직접 설명했다.**

② 시험 점수가 발표되는 순간 민섭이의 얼굴이 굳어졌다. 민섭이는 원래 치아를 드러낼 정도로 밝게 웃었다. 그런데 오늘은 그렇지 않았다. 얼굴에서는 웃음기가 사라졌다. 민섭이는 책상 위에 책을 '탁' 하고 팽개치기도 했다. 그럴 때면 민섭이는 미간을 잔뜩 찌푸렸다. 시험 점수가 좋게 나오지 않아 하루 종일 화를 내고 있음을 알 수 있었다.

→ **화가 난 민섭이의 얼굴 표정과 행동을 묘사함으로써 간접적으로 심리 상태를 전달했다.**

두 글 모두 민섭이의 심리 상태를 전달하고 있어. ①번은 단도직입적으로 민섭이가 화가 났다고 설명했어. 명쾌하긴 하지만 글을 읽는 재미는 떨어져. ②번도 민섭이가 화가 나 있다는 설명이 있긴 하지만 글의 맨 마지막에서 요약한다는 느낌이 들어. 글의 나머지 부분은 모두 민섭이의 얼굴 표정이나 신경질적인 행동에 대한 묘사로 돼 있지. 이런 것을 통해 민섭이가 화났다는 심리를 간접적으로 나타낸 거야. 사실 맨 끝에 '화가 나 있음을 알 수 있다'고 이유를 밝히지 않더라도 왜 그런지 충분히 짐작할 수 있어.

설명 위주의 글은 정보를 직접적이고, 정확하며, 객관적으로 전달하는 장점이 있어. 사실 전달이 더 중요하다면 설명 위주의 글이 바람직하지. 하지만 읽는 재미를 높이고, 글의 긴장감을 높이며, 더 창의적으로 쓰고 싶다면 묘사를 택하는 게 좋을 거야.

이번엔 앞에서 서사하기를 훈련할 때 활용했던 여행 이야기를 묘사하기로 바꿔 볼까? 특정한 사건에 집중해 묘사하는 게 좋아. 그래서 낚시하는 장면을 선택해 묘사 방식으로 바꿔 봤어.

아빠와 서해안의 한 섬으로 1박 2일 여행을 다녀왔다. 배를 타고 가면서 무척 설레였다.

섬에서는 낚시를 했다. 낚싯대를 잡아 뽑으니 4단으로 돼 있었다. 릴을 낚싯대에 장착하고 낚싯줄 끝에는 추와 바늘을 달았다. 추는 은색 빛이었고 타원형이었다. 낚싯바늘은 반원형이었고, 끝이 뾰족했다. 물고기가 덥석 물었을 때 빠져나가지 못하도록 바늘 안쪽에 날카로운 비늘 같은 것이 나 있었다.

낚싯대를 어깨 뒤로 뺐다가 바다로 향해 던졌다. 낚싯줄이 포물선을 그리면서 날아갔다. "퐁!" 추가 바다 위로 떨어지는 소리가 들렸다. 줄이 느슨해지지 않도록 릴을 감았다. 그랬더니 낚싯대가 팽팽해졌다.

낚싯대의 끝을 가만히 지켜봤다. 파도가 들이닥칠 때는 살짝 밀려났고, 물이 빠져나갈 때는 낚싯대의 끝이 함께 빠져나갔다. 그러기를 30분. 갑자기 낚싯대의 끝이 좌우로 요동을 치기 시작했다. 아빠가 "물고기가 물었어!"라고 소리쳤다. 릴을 감기 시작했다. 그러자 낚싯줄이 팽팽해졌다.

서사와 느낌이 좀 다르지? 낚싯대가 어떻게 생겼는지, 낚시하는 방법이 어떤지를 묘사했는데 읽는 재미가 꽤 괜찮은 것 같아.

상상하기와 스토리 만들기

십대 학생들에게 "너 자신을 소개해 봐!"라고 하면 상당수는 당황해. 어쩔 줄 모르다가 겨우 글을 완성하는데, 내용을 보면 기가 막혀. "나는 몇 학년이고, 어디에 살며, 어떤 취미를 갖고 있고, 미래 희망은 무엇이며….." 하나같이 자기소개 글이 비슷비슷해.

왜 학생들의 자기소개 글이 이토록 실망스러운 걸까? 몇 가지 이유를 꼽을 수 있어. 첫째, 자신에 대해 진지하게 고민하지 않아. 자기 자신을 잘 모르니 빤한 자기소개 글이 나오는 거지. 둘째, 자기소개는 늘 어떠어떠해야 한다는 고정관념이 박혀 있어. 다양한 시도를 해 보지 못하는 거야. 셋째, 평소에 상상하는 습관이 배어 있지 않아. 그러니 진부한 표현을 그대로 사용하는 거야.

사실 이 세 가지 덕목은 글쓰기뿐 아니라 삶의 모든 영역에서 필요한 것들이야. 그러니 청소년기에 꼭 배워야 하지. 고민하지 않고, 상상하지 않고서 쓰는 글이 창의적일 리가 없어. 기존 형식에 맞추면서 모범답안처럼 쓴 글이 진부한 건 당연하지. 상상해야 해. 그래야 창의적인 글이 나와. 때론 기존 형식을 파괴하는 것도 좋아.

① 오늘은 심심한 날이다. 하루 종일 비가 내려 밖에 나가 놀지도 못했다.

② 비가 하루 종일 내리네. 넌 뭐 하면서 하루를 보냈니? 나가 놀지도 못했으니 심심했겠다.

일기의 한 토막이야. 둘 다 같은 내용이지만 느낌은 아주 달라. ① 번은 일상적으로 흔히 쓰는 문장 형태야. 이 글을 ②번처럼 자기에게 편지를 쓰는 형식으로 바꿔봤어. 기존 일기 형식만 탈피했을 뿐인데, 전혀 다른 글처럼 느껴지지? 이처럼 글을 쓸 때는 소재도 중요하지만 어떤 형식으로 글을 쓰는가도 무척 중요하단다.

상상력을 발휘하면 아무리 어렵고 딱딱한 내용도 쉽게 전달할 수 있어. 역사나 철학 같은 과목에도 적용할 수 있고. 다음 글을 봐.

– 전하께서는 연산군과 더불어 폭군의 대명사로 후세에 이름을 남겼습니다.

"허허. 안타까운 일이로군. 과인이 폭군이라? 물론 많은 사람을 죽였으니 그런 평가를 받아도 할 말은 없겠지. 그러나 과인이 정말 폭군인지는 후세 학자들이 명확하게 밝혀줬으면 하네."

– 후세 왕(인조)은 반정을 표방했습니다. 전하께서 폭정을 했기 때문이 아닐까요?

"역사는 승리한 자들의 기록이라네. 인조와 서인이 과인에게 좋은 평가를 줄 것 같은가? 그들이 표방한 반정이 진정 반정이었는지 냉정하게 살펴볼 필요가 있네. 조정의 가장 큰 어른인 인목대비를 폐한 죄와 명에 대한 사대주의를 거역한 죄. 바로 이것이 과인이 저지른 죄라 했다네. 첫 번째야 그렇다 쳐도 두 번째가 과연 반정의 명분이 된다고 생각하는가?"

내가 쓴 책 《통한국사》에 나오는 대목이야. 인조반정으로 왕에서 물러난 광해군을 가상 인터뷰한 내용 중 일부지. 만약 이 이야기를 다음처럼 썼다면 어땠을까?

광해군은 연산군과 함께 폭군의 대명사로 남아 있다. 역사는 승리한 사람의 기록이란 말이 있듯이 인조가 반정에 성공한 후 광해군에게 나쁜 평가를 줬을 수도 있다. 하지만 인조의 반정이 진정한 반정인지에 대해 의문을 품는 사람도 많다.

이 글이 앞의 글보다 재미없는 이유는 단 하나야. 역사적 사실을 요약해서 설명했기 때문이지. 앞의 가상 인터뷰는 글을 읽으면서 광해군의 한숨 소리와 어이없다는 표정까지 상상하게 해. 이 또한 상상력을 발휘한 덕분이지. 하지만 이 요약 글에서는 그런 것을 전혀 느낄 수 없어.

상상력을 발휘하는 데 익숙해지면 글에 필요한 스토리를 만드는 것도 수월해져. 다음 글을 읽어 봐. 중학교 1학년생이 이사 오기 전의 동네로 찾아가 느낀 소감을 적은 글의 일부야.

오랜만에 예전에 살던 동네를 다녀왔다. 한동안 가보지 않아서 그립기도 했는데, 주말을 맞아 간 것이다. 그곳에 가니까 예전의 추억이 되살아났다.

처음에 살았던 아파트, 형과 나의 전 학교, 학교 주변의 공원에 가 봤다. 한 가지를 제외하고 다 똑같았다. 예전에 다니던 학교 건너편의 주택 단지만이 변했다. 이사를 지금 사는 곳으로 오기 조금 전에, 그 주택 단지에 고등학교를 만든다며 공사를 시작했었다. 지금은 모든 주택이 다 사라져 있었다. 그리운 것들이 다 사라져서 안타까운 마음이 들었다.

이 글에서 도드라지게 이상하거나 어색한 대목은 별로 없어. 긴 문장을 쪼개면 조금 더 나았을 거란 생각이 들지만, 모든 문장이 그리 긴 것은 아니야. 글쓴이는 예전에 살던 동네에 가서 받은 느낌을 적었는데, 그 감정은 '안타까움'이었어. "그리운 것들이 다 사라져서"라는 대목에서 알 수 있지.

다만 이 글을 몇 번 반복해 읽어 봐도 글쓴이의 안타까움이 절절하게 느껴지지는 않아. 대다수의 독자가 그럴 거야. 그리운 것들이 사라져 안타까워하는 글쓴이의 심정이 독자의 가슴에 팍 꽂히지 않아.

만약 글쓴이가 스토리를 만들어 글에 넣었다면 어땠을까? 주택이 사라진 지역을 좀 더 생생하게 묘사했더라면 어땠을까? 그랬다면 독자들은 이 글을 읽고 난 후 가슴이 먹먹해졌을지도 몰라. 중학교 1학년생이 옛 동네를 많이 그리워하고 있음을 굳이 설명하지 않아도 충분히 느꼈겠지. 우선 스토리를 좀 넣어 봤어.

오랜만에 예전에 살던 동네를 다녀왔다. 한동안 가보지 않아서 그립기도 했는데, 주말을 맞아 간 것이다.

처음에 살았던 아파트에 갔다. 어릴 때부터 형과 내가 공을 차던 공터에서는 다른 아이들이 공을 차고 있었다. 장터가 열리던 공터에도 눈길이 갔다. 엄마와 자주 들렀던 곳이었는데…. 예전의 추억이 되살아났다.

다니던 학교에도 가 보았다. 주말이라서 그런지 운동장에서는 아저씨들이 축구를 하고 있었다. 친구들과 어울려 놀던 곳. 잠시 서 있었는데 친구들이 재잘재잘떠드는 소리가 들리는 것 같았다. 그 친구들은 지금 뭐 하고 있을까.

그 사이에 이 동네가 달라진 것은 별로 없는 것 같았다. 다만 학교 건너편의 주택 단지가 없어진 것은 놀랄 일이었다. 이사를 하기 얼마 전에 이 주택 단지를 허물고 고등학교를 만든다고 했었다. 그 공사를 시작했나 보다. 주택으로 빽빽하던 곳이 완전히 사라져 버렸다. 그리운 것들이 다 사라지는 것 같아 안타까운 마음이 들었다.

이 바뀐 글에는 글쓴이가 옛날 동네에서 어떻게 살았는지가 담겨 있어. 그 스토리를 넣다 보니 글의 분량이 조금 늘어났어. 만약 글의 분량을 더 늘려도 된다면 더 많은 스토리를 넣을 수도 있겠지.

예전에 살던 아파트에서는 형과 함께 놀던 추억, 엄마와 함께 장을 보던 추억을 떠올렸어. 학교에서는 친구들과 운동장에서 뛰어놀던 모습을 연상했지. 글쓴이는 현재 빠져 있지만 옛 동네는 변한 게 없다는 사실에 묘한 감정을 느껴. 그러다가 주택 단지가 허물어져 있는 것을 보고는 안타까운 마음을 느끼지.

스토리를 가미한 글의 힘이 이거야. 독자가 글에 담긴 스토리를 읽으면서 감정 이입을 할 수 있어.

이번엔 묘사 위주로 글을 다시 정리해 볼까? 스토리를 가미한 글과는 약간 느낌이 다르지만, 이런 글도 읽는 맛을 배가시키지.

오랜만에 예전에 살던 동네를 다녀왔다. 한동안 가보지 않아서 그립기도 했는데, 주말을 맞아 간 것이다. 처음에 살았던 아파트, 형과 나의 전 학교, 학교 주변의 공원에 가 봤다. 그곳에 가니까 예전의 추억이 되살아났다. 변한 것은 거의 없었다. 다만 학교 건너편에 있던 주택 단지가 크게 달라져 있었다.

학교 앞에는 횡단보도가 있었다. 그 횡단보도를 건너면 주택 단지가 있었다. 주택 단지 입구에는 학생들이 주로 이용하는 분식집도 있었다. 주택 단지는 아주 오래전에 만들어진 것 같았다. 골목은 빽빽했고, 그나마 넓은 길에도 자동차가 주차돼 있어 비좁다는 느낌을 많이 받았다.

그랬던 주택 단지가 허허벌판처럼 바뀌어 있었다. 이곳에 고등학교를 만든다고 했는데, 이사 간 사이에 공사를 시작한 것이다. 그 많던 주택이 싹 철거돼 있었다. 골목길도, 비좁은 도로도 더 이상 보이지 않았다. '아파트와 고등학교 터'라고 적힌 안내판만 눈에 들어왔다. 여기에 주택 단지가 있었다는 사실을 알려주는 안내판은 어디에도 없었다. 널찍한 땅에서는 먼지만 날리고 있었다. 그리운 것들이 다 사라져 간다.

이 글은 '사라진 주택 단지'에 초점을 맞춰 쓴 거야. 주택 단지의 과거 모습이 어땠는지를 실제 눈으로 보듯이 묘사하고 있어. 또한 현재 어떻게 변했는지도 충분히 묘사하고 있어. 글쓴이가 안타까워하고 있다는 사실도 "먼지만 날리고 있었다"는 대목에서 느낄 수 있지.

이제 상상하기를 통해 글을 써 봐. 어떤 상황이 펼쳐졌을 경우 그 상황을 한 문장으로 쓰려 하지 말고 창의적으로 표현해 봐. '안타까운 풍경'이라고 해 버리면 풍경에서 안타까움이 느껴진다는 사실을 설명하는 것에 불과해. 왜 안타까운 풍경인지를 조목조목 찾아내서 써 봐.

이렇게 글을 완성하면 독자는 글쓴이가 안타깝다고 굳이 말하지 않아도 안타까움을 느끼게 돼. 앞의 글에서 맨 마지막 대목 "먼지만 날리고 있었다. 그리운 것들이 다 사라져 간다"는 문장만으로 독자는 충분히 안타까움을 느낄 거야. 상상할 때 창의적인 문장이 나온다는 사실을 꼭 기억해 둬.

묘사 글 쓰기

5주

일기
쓰기

과제

01 사건 중심으로 일기 한 편 쓰기

02 생각과 느낌 중심으로 일기 한 편 쓰기

03 두 일기를 점검해 긴 문장을 짧게 나누고 접속사 줄이기

04 두 일기에서 가능한 부분을 찾아 비유법 두 종류, 표현법 한 종류 이상 넣기

05 두 일기에서 가능한 부분을 찾아 묘사 1회, 서사 1회 이상 시도하기

5주부터는 본격적으로 '작품'을 완성하는 훈련을 하게 될 거야. 지금까지의 훈련 과정을 잘 끝냈다면 크게 어려울 것은 없어.

5주째에는 일기 쓰기 훈련을 할 거야. 왜 일기냐고? 일기가 글쓰기 훈련용으로도 좋고, 글쓰기 실력을 키우는 데도 가장 적합하기 때문이야. 무엇보다 형식의 구애를 받지 않는다는 게 일기의 가장 큰 장점이야. 그 덕분에 창의적인 글쓰기 훈련을 하는 데도 일기가 제격이지.

문장을 잘 만들고 다양한 비유와 표현 방법을 적용하는 것, 그리고 묘사와 서사를 하는 것은 두고두고 잊어서는 안 돼. 그러므로 1~4주 훈련 때 익힌 내용은 여기에서도 반복해야 해.

5주째부터는 따로 예시를 제시하지 않을 거야. 여러분이 직접 쓰는 그것이 바로 예시가 될 테니까 말이야.

일기는 하루 일과를 반성하면서 쓰는 글이야. 자신이 잘한 점과 못한 점을 되돌아보고, 더 나은 미래를 다짐하는 글이기도 하지. 물론 특별한 형식이 없어서 자유롭게 쓸 수 있어. 하지만 일기라고 해서 그저 자유롭게만 쓰면 되는 건 아니야. 일기에도 나름대로 지켜야 할 글쓰기 원칙이 있거든. 그 원칙만 지키면 아주 좋은 일기가 될 거야. 하나씩 짚어 볼까?

일기와 일지를 구분해서 써라

일기와 일지는 모두 하루 일과를 기록하는 글이야. 다만 일기는 주로 개인적인 이야기와 감정을 담은 글이고, 일지는 사실만 객관적으로 쓴 글이란 점이 다르지. 쉽게 말해 일기에는 감정이 들어 있는 반면 일지에는 감정이 들어 있지 않아. 일기의 가장 큰 특징이 바로 여기에 있어. 바로 글쓴이의 감정을 담는 거지.

구체적인 사례를 들어 일기와 일지를 구별해 볼까? 2015년 5~6월, 국내에서 중동호흡기증후군(메르스) 환자가 속출하면서 나라 전체가 공포와 충격에 휩싸인 적이 있어. 이 사건을 소재로 작성한 글이야.

① 국내 첫 감염환자로 나중에 판명된 1번 환자(68세)가 4월 18일부터 5월 3일까지 바레인을 다녀왔다. 1번 환자는 5월 4일 입국했다. 1번 환자는 5월 11일에 고열과 기침 증세가 처음 나타났다. 1번 환자는 다음날인 12일부터 14일까지 아산서울의원 외래 진료를 받았고, 15일부터 17일까지 평택성모병원에 입원했다. 이어 17일에는 365서울열린의원에서 진료를 받았다가 18일부터 20일까지 삼성서울병원

에 입원했다. 입원 마지막 날인 5월 20일, 1번 환자는 국내 처음으로 메르스 환자로 확진됐다.

→ 발생한 사실을 시간 순서대로 정리했다. 글쓴이의 생각이나 감정이 드러나지 않는 일지다.

② 국내에 처음으로 메르스 환자가 발생했다. 그 환자는 중동에 갔다가 병에 걸렸다. 여러 병원을 돌아다니며 진료를 받았다고 한다. 그 환자가 다닌 병원에 사람들이 있었을 텐데, 그 사람들에게도 병을 옮긴 것은 아닐까 걱정이 된다. 이러다가 메르스란 병이 확 퍼지면 어떡하지? 학교에 못 가는 사태가 생기는 건 아닐까? 그래도 손을 깨끗이 씻는 것만으로도 병을 어느 정도 예방할 수 있다니 다행이다. 앞으로는 정말로 손을 깨끗하게 씻어야지.

→ 메르스 환자가 발생했다는 사실을 접하고 나서 느낀 감정과 생각을 쓴 일기다.

사실 두 개의 글을 읽어 보면 누구나 '①번 글이 무슨 일기야?'라고 생각할 거야. "저렇게 일기를 쓰는 사람이 어디 있어?"라고 말하는 사람도 있겠지. 하지만 일지를 기록하듯이 일기를 쓰는 학생이 의외로 많아. 여러분도 스스로를 돌아봐. 혹시 다음처럼 일기를 쓰고 있지는 않니?

아침에 일찍 일어났다. 밥을 빨리 먹고 학교에 갔다. 학교에 도착하니 8

시 40분이었다. 수업이 시작됐다. 4교시까지 끝내고 집으로 돌아왔다. 게임을 조금 하고, 학원 수업 준비를 했다. 엄마가 학원 갈 시간이 됐다고 했다. 학원에 가기 싫었다. 그래도 엄마가 혼낼 것 같아 학원에 갔다. 학원을 마치고 돌아와 밖에서 아파트 친구들과 놀았다. 어두워질 때까지 밖에 있다가 집에 들어와 저녁밥을 먹었는데 피곤했다. 10시 40분쯤에 잠을 잤다.

이 글에서 글쓴이는 하루 생활을 시간 순서대로 정리했어. 서사 기법을 쓴 것 아니냐고? 글쎄, 그렇지는 않은 것 같아. 시간 순서대로 썼을 뿐, 그 내용을 자세하게 드러내지 못하고 있잖아?

이 일기에서 글쓴이의 감정이 느껴지니? "학원에 가기 싫다"거나 "피곤했다"처럼 글쓴이의 생각과 감정이 보이는 대목이 없는 것은 아니야. 그러니 일기가 맞는 걸까? 딱 잘라서 일기가 아니라고 할 수는 없을 것 같아. 다만 좋은 일기는 아니라고 확실히 말할 수 있어.

가장 인상적인 이야기를 써라

앞의 글을 쓴 학생처럼 하루에 일어난 일들을 쭉 나열하고 마지막에 생각을 적는 식으로 일기를 쓰는 학생이 많아. 문제는, 이런 식으로 일기를 쓰다 보면 글쓰기 실력이 절대 발전할 수 없다는 거야. 창의적 사고도 키울 수 없어.

일기를 쓸 때 주의해야 할 두 번째 원칙이 바로 이거야. 가장 인상적인 사건이나 이야기를 선택해서 써야 한다는 거지. 하루에도 많은 사건이 있었는데, 나머지들은 어떻게 하느냐고? 과감히 생략해도 좋아. 일지를 쓰는 게 아니니까.

다시 말하지만, 일기는 하루 이야기를 무미건조하게 쭉 나열하는 게 아니야. 일기를 쓰는 그 순간만큼은 누구나 작가가 되어야 해. 어떤 내용을 위주로 쓸 것이고, 어떤 사건을 가장 앞에 쓸 것이며, 그 사건에 어떤 의미를 부여할 것인지, 나는 무엇을 느꼈고, 그 사건이 내 생활(삶)에 어떤 영향을 주는지…. 이것들을 고민해서 글을 써야 해.

하루 일과를 단조롭게 적은 앞의 일기를 한번 바꿔 볼까? 가장 인상적인 사건이나 이야기를 위주로 쓰면 어떤 글이 나올까?

① 아침에 눈을 뜨니 7시 20분이었다. 평소보다 30분이나 일찍 일어났다. 처음엔 침대에서 나오기 싫었는데, 굳게 마음을 먹자 신기하게 일어날 수 있었다. 화장실에 가서 세수를 하고 머리를 감았다. 그랬더니 정신이 바짝 들었다. 어젯밤에 잘 때 내일은 나 스스로 일어나 봐야지 결심했을 뿐인데, 정말로 이렇게 됐다. 엄마도 대견하다며 칭찬해 주셨다. 가벼운 체조를 하고 밥을 먹었는데도 시간이 남았다. 느긋하게 학교로 가는 기분이 아주 좋았다. 이래서 어른들이 일찍 일어나는 새가 먹이를 잡는다고 하는 것 같다. 앞으로도 스스로 일찍 일어나야지.

→ 평소보다 일찍 잠자리에서 일어난 것을 중심으로 이야기와 느낌을 구성했다. 나머지 사건은 생략했다.

② 평소보다 일찍 학교 수업이 끝났다. 집에 도착하니 1시도 되지 않았다. 원래는 학교에서 돌아오면 학원 수업 준비부터 하는데, 오늘은 시간이 많으니 컴퓨터 게임부터 하고 싶었다. 게임을 먼저 하고 나서 학원 숙제를 해도 시간은 충분했다. 그런데 게임을 시작하자마자 엄마가 오셔서 숙제부터 하라고 하셨다. 몇 번 부탁을 했지만 엄마는 안 된다고 하셨다. 게임을 접고 숙제를 할 수밖에 없었다. 그런데 숙제하는 내내 게임 생각이 머리에서 맴돌았다. 왜 엄마가 숙제부터 하라고 하는지 이해할 것 같다. 게임부터 하니 공부도 안 되고 시간만 낭비했다. 다음부턴 숙제부터 확실히 끝내고 게임을 해야겠다.

→ 컴퓨터 게임과 학원 숙제 중 어느 것을 먼저 할 것이냐를 고민하다 느낀 점 위주로 썼다. 일찍 일어난 일은 생략했다.

③ 평소보다 30분이나 일찍 일어났다. 처음엔 침대에서 나오기 싫었는데, 굳게 마음을 먹자 신기하게 일어날 수 있었다. 어젯밤에 잘 때 내일은 나 스스로 일어나 봐야지 결심했을 뿐인데, 정말로 이렇게 됐다. 엄마도 대견하다며 칭찬해 주셨다. 느긋하게 학교로 가는 기분이 아주 좋았다. 일찍 일어나는 새가 먹이를 잡듯이 나도 스스로 일찍 일어나 활동을 해야겠다.

오늘은 수업도 평소보다 일찍 끝났다. 평소에는 학원에 가기 전에 숙제부터 하는데, 오늘은 시간이 많이 남아 컴퓨터 게임부터 했다. 게임을 시작하자마자 엄마가 숙제부터 하라고 하셨다. 썩 기분은 좋지 않았지만 엄마 말대로 게임을 접고 숙제를 했다. 그런데 숙제하는 내내 게임 생각이 머리에서 맴돌았다. 왜 엄마가 숙제부터 하라고 하는지 이해할 것 같다. 게임부터 하니 공부도 안 되고 시간만 낭비했다. 다음부턴 숙제부터 확실히 끝내고 게임을 해야겠다.

아침에는 일찍 일어나는 새가 먹이를 잡는다는 것을 몸으로 깨달았는데, 오후에는 해야 할 것을 미루고 하고 싶은 것만 하려다간 모두가 엉망이 된다는 사실을 깨달았다. 정말 많은 것을 느낀 하루였다.

→ 인상적인 사건이 2개 이상인데, 모두 의미를 부여했다. 분량이 좀 길어졌지만, 각각의 사건에 대해 느낌을 잘 표현했다.

똑같은 하루지만 어느 사건에 무게를 두느냐에 따라 일기가 확 달라졌어. 이처럼 일기를 쓸 때는 그날의 사건 중에서 가장 인상적인 것을 찾아, 그것을 중심으로 이야기를 풀어나가야 해. 물론 ③번 글처럼 2개 이상의 사건이 모두 의미가 있을 때는 병렬로 구성해도 괜찮아. 그 대신 글을 쓰기 전에 훨씬 더 고민해야겠지?

만약 여러분이 앞의 글과 같이 일기를 쓴다면 제목을 어떻게 붙이겠어? 아마도 ①번은 '일찍 일어나는 새가 되어야지', ②번은 '컴퓨터 게임과 학원 숙제', ③번은 '깨달음이 많은 하루' 정도가 되지 않을까?

여기에서 한 가지 명심할 점이 있어. 결론을 꼭 도덕적으로 맺거나 '~해야겠다!'와 같은 결심으로만 끝내려 하지 말라는 거야. 그렇게 결론을 내다 보면 일기가 상투적으로 변하거든.

느낌과 생각이 풍부한 일기를 써라

〈과제 02〉를 이행하려면 일기를 쓸 때 꼭 알아 둬야 할 세 번째 원칙을 이해하고 있어야 해. 그게 뭐냐고? 꼭 사건이나 이야기가 없더라도 일기를 쓸 수 있으니, 느낌과 생각을 담은 일기를 쓰라는 거야.

일기를 쓰라고 하면 "쓸 이야기가 없다"고 말하는 학생들이 꼭 있어. 십대 학생의 관점에서 생각하면 이 대답이 완전히 틀린 것은 아니야. 재미있는 사건이 없는데 일기를 쓸 수 있겠느냐는 뜻인데, 어쩌면 지극히 정상적인 생각이야.

학생들이 이런 생각을 하는 이유는 간단해. 일기를 '하루 일과를 기록하는 글'로만 생각하기 때문이지. 그러나 하루 일과만 기록한다면 매일의 일기가 같아져 버릴 거야. 매일매일 색다른 사건이 일어나는 건 현실적으로 불가능하니까.

재미있는 사건이 없어서 일기를 쓰지 못하겠다는 학생이라면 생각을 고쳐먹어야 해. 사건이 없더라도 일기를 쓸 수 있고, 오히려 그런 일기가 창의력과 감성을 더 키울 수 있는 기회가 된다고 말이야. 입에 발린 말이 아니라 실제로도 그렇단다. 다음 글을 봐.

〈제목 : 학교 친구들〉

이 학교에 전학을 온 지 두 달이 더 되었다. 같은 반에서 많은 친구를 만들었고, 다른 반에서도 2~3명의 친구를 만들었다.

지금 생각해 보니 정말 놀랍다. 예전 학교에서 그렇게 오랫동안 지냈던 친구들보다 지금 학교에서 두 달 동안 사귄 친구들과 더 친하다. 이곳에 와서는 친구들에게 크게 화를 내는 일도 눈에 띄게 줄어들었다. 반 인원도 예전 학교보다 많아 친구도 훨씬 많아졌다.

예전 학교에서는 애들이 거의 핸드폰 게임만 했다. 여기 친구들은 핸드폰을 많이 가지고 있지 않아서인지, 모여서 하는 놀이를 더 많이 하는 것 같다. 수요일에는 10명 정도가 함께 마피아 게임을 했다. 토요일에는 친구 2명이 함께 농구를 하자고 했다.

예전 학교에 있을 때는, 사실 전학을 오지 않았으면 좋겠다는 생각을 했다. 잘 적응하지 못할 것 같아서였다. 이제는 예전 학교가 잘 생각이 나지 않는다. 반에서 친해진 친구들이 모두 같은 중학교로 갔으면 좋겠다.

이 글에는 사건이 거의 등장하지 않아. 글쓴이가 평소 생각하던 것을 정리했을 뿐이야. 하지만 사건 위주로 돼 있는 웬만한 일기에 뒤지지 않아. 오히려 전학을 온 뒤 2개월의 생활을 나름대로 정리하고 있어서 색다르게 보이기도 해. 이처럼 사건이 없어도 좋은 일기를 쓸 수 있어. 가장 창의적인 일기가 이런 '생각과 느낌을 담은' 일기에서 나올 가능성도 꽤 있단다.

일기 쓰기

6주

기행문 쓰기

과제

01 기행문 한 편 쓰기

02 일기 한 편 쓰기

03 두 글을 점검해 긴 문장을 짧게 나누고 접속사 줄이기

04 두 글에서 가능한 부분을 찾아 비유법 두 종류, 표현법 한 종류 이상 넣기

05 두 글에서 가능한 부분을 찾아 묘사 1회, 서사 1회 이상 시도하기

6주에는 기행문을 쓰는 훈련을 할 거야. 기행문도 일기처럼 자유롭게 쓸 수 있다는 게 큰 장점이야. 그러니 5주째와 큰 차이는 없어.

기행문과 일기가 완전히 같지는 않아. 다른 점도 꽤 많지. 우선 기행문에는 여행 정보가 들어가야 해. 그렇다고 여행 정보만 많이 들어간다고 해서 기행문이 완성되는 것도 아니야. 여행하면서 느낀 감상과 소감이 꼭 들어가야 하지. 즉, 여행 정보와 감상과 느낌이 잘 어우러져야 좋은 기행문이라 할 수 있어.

지난 몇 주간 여행을 다녀온 적이 없다면 예전에 갔던 여행을 떠올려 봐. 사진을 꺼내 보면 기억이 날 거야. 사진을 보면서 메모한 뒤 기행문을 쓰도록 해.

일기도 한 편 더 써 봐. 1~4주의 훈련 내용도 당연히 반복해야 해. 다섯 가지 과제를 이행하도록 해.

많은 학생이 여행 정보를 위주로 기행문을 '정리'하곤 해. 사실 그 학생들은 어떻게 기행문을 작성해야 하는지 잘 모르기 때문에 그러는 거야. 기행문을 작성하는 데도 몇 개의 원칙이 있어. 그 원칙만 알고 나면 기행문을 작성하는 게 그다지 어렵진 않을 거야.

우선 다음 글을 봐. 초등학교 6학년 학생의 기행문이야. 글이 좀 길지만 일부를 제외하고는 원문을 거의 대부분 살렸어. 기행문의 원칙에 대해 이야기하기 위해서야.

〈제목 : 120㎞ 춘천 자전거 대장정〉

1박 2일로 아빠, 형과 함께 춘천으로 여행을 갔다. 갈 때는 계속 자전거로, 올 때는 기차로 이동했다. 약 120㎞를 자전거로 달렸다. 그 먼 거리를 달리면서 많은 에피소드가 생겼다.

#에피소드 1 : 경유지

서울에서 춘천까지, 약 120㎞의 거리를 달리면서 많은 경유지가 있었다. 전부 기억이 안 난다. 이 지명, 저 지명이 헷갈리고, 순서는 도저히 외울 수가 없다. 쓰면서도 헷갈린다. 정확한 순서는 하남(서울과 경기도의 경계)→남한강 자전거 종주로 시작점→팔당(팔당대교 건넘, 팔당댐)→대성리→청평→가평→강촌(강원도 진입)→춘천(남춘천역)이다. 초반에는 주로 아빠가 앞장서셨고, 후반에는 내가 쾌속 질주를 하고 싶어서 주로 앞장섰다. 계속 경유지에서 멈춰서 사진을 찍었다. 하남 강변은 조용하고 강이 잔잔해서 앉아서 경치를 보며 쉬고 싶은 기분이 들었고, 가평은 주변의 산이 강과 어울리는 모습이 마치 먼 시골에 있는 것 같았다. 힘든 것을 잠시 잊을 수 있었다.

#에피소드 2 : 갈비 버거

남한강 자전거 종주로 시작점에서 집에서 만든 갈비 버거를 먹었다. (중략) 아빠는 예상대로 아주 맛있게 드셨다. 형은 배가 덜 고파서 반응이 별로 좋지 않았다. 나중에 한번 다시 먹여 봐야겠다.

#에피소드 3 : 부상자

자전거를 타며 본 부상자들은 2명이나 있었다. 둘 다 내리막길에서 미끄러진 경우였다.

첫 번째 경우는 남한강 종주로 시작점의 작은 휴게소에서 일어난 일이다. (중략) 헬멧을 쓰고 있어서 크게 다치지는 않은 것 같았지만, 허리가 조금 아파 보였다.

두 번째 경우는 팔당댐 근처에서 일어난 일이다. 내가 직접 목격하지는 못했지만, 아빠 말로는 헬멧을 쓰지 않은 여자였다고 한다. 아마도 잠시 산책을 나온 듯했다. 그 사람은 내리막길을 내려가다가 전봇대를 박고 의식을 잃었다고 한다. 이런 사고를 보다 보면, 자전거를 탈 때 헬멧을 안 쓰면 안 되겠다는 생각이 꼭 든다. 나에게도 그런 사고가 생길 수 있다. 언제나 조심해야겠다.

#에피소드 4 : 파리들의 습격

한 구간에서는 파리가 굉장히 많았다. 문제는 그 파리들이 자전거를 타는 우리에게 달려든다는 것이다. (중략) 짜증 났다.

#에피소드 5 : 남춘천역과 트럭

약 6시경, 남춘천역 주변에 도착했다. 그런데, 길 이정표에서 춘천역이 없어져서, 길을 헤매고 있었다. 하필 주변에 사람들도 없었다. 한 사람이 우회전해서 쭉 가라고 해서 오른쪽으로 돌고, 한 할아버지가 그대로 쭉 가면 된다고 해서 그리로 갔다. 그런데 같은 곳이 나왔다. 택시를 타는 한 사람에게 물어보니 반대쪽으로 쭉 가야 한다고 했다. 일단 배가 고파서 과자를 사러 옆의 편의점에 들어갔다. 그러면서 길을 물어보니, 반대쪽으로 가다가 우회전을 해야 한다고 했다. 걸리는 시간을 물어보니, 버스로 30분이 걸린다고 했다. 즉 자전거로는 1시간 이상 걸린다는 소리였다. 그러면 그곳에서 자전거를 타고 가는 방법은 포기해야 했다. 여러 가지 방법을 생각해 보았다. 일단 버스를 타는 방법이 있었다. 문제는 자전거를 버스에서 실어 주더라도 한두 대여야지, 세 대나 있으니 실어 줄 리가 없었다. 다른 방법을 생각해야 했다. 그때 아빠가 지나가는 짐칸이 빈 트럭을 보았다. 아빠는 트럭을 타고 있는 사람에게 양해를 구해 자전거를 싣고 가는 방법을 생각해 냈다. 그렇게 기다리다 보니, 마침 남춘천역 쪽의 식당에 물건을 납품하는 사람을 만났다. 그분의 친절로, 아주 고맙게도, 남춘천역 주변에 도착해 숙소를 잡을 수 있었다. 정말 그분께 고맙다.

#에피소드 6 : 닭갈비＆장어

토요일 저녁에는 닭갈비를, 다음 날 아침에는 장어구이를 먹었다. (중략) 다음 날 먹은 장어구이는 정말 만족스러웠다. 난 장어구이를 예전에 먹어 본 적이 없다. (중략)정말 이번 여행에서는 이것저것 다 해 보는 것 같다.

#에피소드 7 : 집 도착

집에 올 때 ITX를 타고 왔다. 마지막 역이 용산역이어서, 집까지 조금 더 자전거를 타야 했다. 어림잡아 용산역에서 우리 집까지는 8㎞ 정도라고 한다. 저번에 여의도 하이킹을 갔을 때, 12㎞를 가는 데 두 번을 쉬었다. 즉 대략 4㎞당 한 번 쉰 것이다. 그런데 이제 8㎞를 가는 데 거의 힘이 들지 않고, 한 번도 쉬지 않고 올 수 있었다. 정말 뿌듯했다. 내 체력이 이렇게 좋아진 것이다. 저번에 쓸 때는, 내가 24㎞를 자전거로 달릴 수 있을 줄 몰랐다고 썼다. 그런데 이번에는 120㎞를 달려갔다. 정말 뿌듯하다.

#에피소드 8 : 후유증

그 먼 거리를 달린 만큼 후유증이 많다. 날씨가 흐렸기 때문에 막 덥지는 않다. 하지만, 다리와 목 주변이 너무나도 아프다. 다리를 높이 들 수가 없고, 목을 굽히면 주변이 쑤신다. 또, 계속 폭이 좁은 안장에 앉아 있어서, 한동안 자전거 안장에 앉을 수가 없을 것 같다. 하지만, 난 그래도 정말 좋다. 이런 후유증이 내가 120㎞를 달렸다는 증거가 될 수 있기 때문이다.

초등학교 6학년 학생이 자전거로 120㎞를 여행한다는 것은 쉽지 않아. 심지어 어른도 하기 어려운 일을 초등학교 6학년 학생이 해냈다고 할 수 있어. 그래서 이 학생은 여행을 통해 상당한 성취감을 느꼈고, 자신감도 커졌어. 당연히 그럴 법도 해. 실제로 이 기행문을 읽다 보면 그런 감정이 그대로 느껴져.

하지만 이 글을 좋은 기행문이라고는 할 수 없어. 기행문을 작성할 때 지켜야 할 원칙을 상당히 무시했거든. 일기가 아무리 자유로운 글이라 해도 지켜야 할 원칙이 있듯이, 기행문에도 지켜야 할 원칙이 있어. 이 기행문을 분석하면서 그 원칙들을 하나씩 살펴볼까?

가급적 시간 순서대로 써라

기행문은 여행에 대한 글이야. 그러니 여행하는 과정을 시간 순서대로 기록하는 게 자연스러워. 이게 기행문을 쓸 때 지켜야 할 첫째 원칙이야.

학생들이 쓴 기행문을 보면 대부분 이 원칙은 잘 지키는 것 같아. 일부러 멋을 내면서 앞뒤 순서를 바꿔 기행문을 쓰는 학생들이 오히려 적지. 이 학생 또한 첫 번째 원칙을 충실하게 지켰어.

여행 정보와 에피소드를 소개하라

기행문은 특정 지역을 여행한 후 감상을 쓰는 글이야. 그러니 여행 정보와, 여행 과정에서 생긴 에피소드를 적절히 소개해야 기행문이라고 할 수 있어. 이것이 기행문을 쓸 때 지켜야 할 두 번째 원칙이야.

수많은 에피소드가 등장하니 이 기행문은 이 원칙에 어느 정도는 충실했다고 할 수 있어. 다만 이 자전거 여행이 특정 지역을 방문하는 게 아니라서 여행지 정보는 좀 부족하다는 한계가 있어. 자전거 여행의 특성상 어쩔 수 없는 측면이기도 하지. 이런 점을 감안하면 이 글은 기행문이기도 하지만 일기라고도 볼 수도 있을 것 같아.

기행문을 쓸 때는 여러 에피소드 가운데 특히 인상 깊었던 에피소드를 강조할 필요가 있어. 이 기행문에서는 '에피소드 6'이 그런 경우에 해당할 거야. 예상치 않게 길을 잃고 헤매는데 트럭 운전사가 도와줬다는 내용이지. 이 에피소드를 소개하는 데 더 많은 지면을 할애하면 어땠을까?

수많은 에피소드를 모두 똑같은 비중으로 소개하는 것은 좋지 않아. 그렇게 하면 여러 에피소드를 단순하게 나열하는 건데, 여행안내서와 다를 바가 없어. 기행문은 그렇게 써선 안 돼. 중요한 사건은 더 자세하게 쓰고, 사소한 사건은 생략해야 해. 이 글에서는 그렇게 하지 못했어. 가령 '에피소드 2', '에피소드 3', '에피소드 4'는 기행문이 아니라 일상적인 생활에서도 자주 일어나거나 접하는 내용이야. 굳이 자세하게 쓸 필요가 없어. 이런 내용은 과감히 생략해도 무방해.

감상을 적절하게 넣어라

일기에 감상이 들어가지 않으면 일지가 돼 버리듯이 기행문에 감상이 들어가지 않으면 여행 보고서가 돼 버려. 여행을 경험하면서 가졌던 생각과 얻은 느낌, 각오와 의지 같은 감상을 반드시 적절하게 넣어야 기행문이라고 할 수 있지. 이게 바로 기행문 작성의 세 번째 원칙이자, 가장 중요한 원칙이야.

이 글에도 감상이 전혀 없는 것은 아니야. 이를테면, '에피소드 1'에서 "하남 강변은 조용하고 강이 잔잔해서 앉아서 경치를 보며 쉬고 싶은 기분이 들었고, 가평은 주변의 산이 강과 어울리는 모습이 마치 먼 시골에 있는 것 같았다. 힘든 것을 잠시 잊을 수 있었다"고 표현한 대목이 감상으로 볼 수 있어.

이번 여행에서 느낀 점도 없지 않은 것 같아. '에피소드 7'에서 "그런데 이번에는 120㎞를 달려갔다. 정말 뿌듯하다"고 했는데, '에피소드 8'에서 "이런 후유증이 내가 120㎞를 달렸다는 증거가 될 수 있기 때문이다"라고 다시 강조한 걸 보면 글쓴이는 이번 여행을 통해 스스로 많이 성장했음을 대견해하고 있다고 추측할 수 있지.

그렇다면 이 기행문의 주제는 '나 자신의 성장이 대견하다' 혹은 '어려움을 딛고 마침내 해낸 120㎞ 자전거 여행' 정도가 될 거야. 이게 글을 읽으면서 느껴지니? 부분적으로는 그럴 수 있을 테지만, 전체적으로는 크게 부각되지 않았어. 좀 더 이 주제에 집중했다면 훨씬 훌륭한 기행문이 됐을 거야.

자, 그러면 지금까지 얘기한 기행문 쓰기 3대 원칙에 맞춰 이 글을 고쳐 볼까? 물론 원문의 내용은 그대로 둘 거야. 다만 에피소드로 구분할 필요는 없는 것 같아서 형식은 조금 고쳤어.

〈제목 : 120㎞ 춘천 자전거 대장정〉

1박 2일로 아빠, 형과 함께 춘천으로 자전거 여행을 갔다. 갈 때는 자전거를 탔고, 돌아올 때는 기차를 탔다. 대략 하남(서울과 경기도의 경계)→남한강 자전거 종주로 시작점→팔당(팔당대교 건넘, 팔당댐)→대성리→청평→가평→강촌(강원도 진입)을 거쳐 춘천(남춘천역)에 도착했다. 자전거로 이동한 거리는 약 120㎞. 많은 에피소드가 생겼고, 느끼는 것도 많았다.

여행 초반에는 주로 아빠가 앞장서셨다. 간혹 내가 쾌속 질주를 하고 싶어 앞으로 나오기도 했다. 그러다 하남에 이르렀다. 한강이 너무나 잔잔하고 고요했다. 시간적인 여유가 있었다면 경치를 구경하며 넉넉히 쉬고 싶었다. 하지만 풍경이나 구경하려고 시작한 여행이 아니다. 춘천에 무사히 도착해 내가 더 이상 어린애가 아니란 점을 입증하기 위해서다. 멋있는 풍경을 뒤로하고 자전거 페달을 계속 밟았다.

도중에 집에서 만들어 온 갈비 버거를 아빠, 형과 함께 먹었다. 아빠는 잘 드셨는데 형은 배가 덜 고픈지 시큰둥했다. 형도 잘 먹었으면 더 보람이 있었을 텐데, 조금은 아쉽다.

자전거 여행에 위험이 따른다는 것도 알게 됐다. 남한강 종주로 시작점에 있는 휴게소에서 한 번, 팔당댐 근처에서 또 한 번 자전거 사고를 목격했다. 두 번째 사고 때는 헬멧을 쓰지 않아 의식까지 잃었다고 한다. 앞으로 갈 길이 먼데, 조심하고 또 조심해야겠다는 생각을 했다. 헬멧도 재정비했다.

얼마나 자전거를 탔을까, 우리는 가평에 도착했다. 가평은 하남 강변만큼, 아니 어쩌면 더 아름다웠다. 주변의 산과, 우리 옆을 흐르는 강이 서로 어울려 마치 우리가 시골 속으로 들어와 있는 것처럼 느껴졌다. 잠시 쉬면서 힘든 것을 잊을 수 있었다. 역시 자연은 사람을 치유해 준다고 어른들이 말하던데, 정말 그런 것 같다. 위안을 얻고 다시 자전거 여행을 계속했다.

어느 구간에선가 파리 떼가 우리를 습격하기도 했다. 짜증이 많이 났지만, 이 또한 여행 과정에서 겪는 추억이라 생각하기로 했다.

오후 6시쯤 돼서 남춘천역 주변에 도착했다. 우리는 이정표를 보면서 춘천역으로 향했다. 그런데 도중에 춘천역을 가리키는 이정표가 사라져 버렸다. 결국 길을 헤매기 시작했다.

아빠가 사람을 찾아 길을 물었다. 그 사람은 우회전한 뒤 쭉 가라고 했다. 그 사람이 일러준 대로 가다가 한 할아버지를 만났다. 아빠가 다시 방향을 물었다. 할아버지는 직진을 계속하면 춘천역이 나온다고 했다. 그렇게 몇십 분을 달렸지만 춘천역은 나오지 않았다. 이상해서 주변을 돌아봤는데, 아까 왔던 곳이었다. 같은 곳을 빙빙 돌았던 것이다.

그동안 별로 먹은 게 없어 배가 고팠다. 일단 편의점에서 과자를 사면서 길을 다시 물어봤다. 편의점 직원은 왔던 길을 돌아가라고 했다. 자전거로는 1시간 이상 걸린다고 했다.

아빠와 우리는 고민을 시작했다. 자전거를 버리고 버스를 타고 가야 하나? 버스 기사가 자전거 세 대를 태워줄 리는 없으니까. 바로 그때 아빠가 지나가는 트럭들을 보다가 말했다.

"트럭 아저씨들에게 부탁해 보자."

정말로 운 좋게 그런 트럭 아저씨를 만났다. 그 아저씨는 남춘천역 주변 식당에 물건을 납품한다고 했다. 아무리 그래도 귀찮을 수 있을 텐데, 그 아저씨는 너무나 흔쾌하게 트럭을 내어 주셨다. 그 아저씨의 친절 덕분에 우리는 남춘천역에 갈 수 있었고, 무사히 숙소를 잡을 수 있었다.

여행을 하다 보면 늘 계획대로만은 되지 않는 것 같다. 그러나 그 덕분에 우리는 훈훈한 인간미를 직접 경험하게 됐다. 이것이야말로 이번 여행에서 얻은 또 하나의 이득이다. 지금도 그 아저씨를 생각하면 얼굴에 미소가 절로 흐른다.

숙소를 잡은 후에는 편안하게 춘천 명물 닭갈비를 먹었다. 다음 날 아침에는 장어구이를 먹었다. 장어구이는 정말 만족스러웠다. 난 장어구이를 예전에 먹어 본 적이 없다. 정말 이번 여행에서는 새로운 경험을 많이 하는 것 같다.

다음날 오전 우리는 집으로 돌아가기 위해 ITX를 탔다. 기차의 종점은 용산역이었다. 용산역에서 집까지는 다시 자전거를 타야 한다. 아빠가 어림잡아 용산역에서 우리 집까지는 8㎞ 정도라고 했다. 예전에 여의도까지 약 12㎞를 자전거로 가는 데 두 번을 쉬었다. 하지만 이번에는 집까지 8㎞를 단 한 번도 쉬지 않고 갔다. 게다가 거의 힘이 들지 않았다. 정말 뿌듯했다. 내 체력이 이렇게 좋아지다니.

그 먼 거리를 달린 만큼 후유증도 없지 않다. 여행할 때 날씨가 약간 흐렸기 때문에 피로감은 덜하다. 하지만 다리와 목 주변이 너무나도 아프다. 다리를 높이 들 수가 없고, 목을 굽히면 주변이 쑤신다. 또 계속 폭이 좁은 안장에 앉아 있어서, 한동안 자전거 안장에 앉을 수가 없을 것 같다.

하지만 난 그래도 정말 좋다. 이런 후유증이 내가 120㎞를 달렸다는 증거가 될 수 있기 때문이다.

고친 글도 에피소드 위주로 구성했어. 기행문이기에 당연한 일이지. 다만 일상에서 볼 수 있는 사소한 사건은 과감히 생략했어. 이미 말한 대로 굳이 에피소드로 나누지도 않았어. 그래도 무방하지만 읽는 재미가 떨어질 수 있거든.

고친 글이 원문과 가장 많이 다른 점은 에피소드별로 생각과 느낌, 깨달음과 같은 여행 감상을 많이 넣었다는 거야. 밑줄 친 부분이 그런 대목이지. 맨 마지막에는 후유증이 '성장'과 '성숙'의 상징인 것처럼 여겨지도록 했어. 원문과 고친 글을 비교하면서 다시 읽어 봐.

기행문을 한 편만 더 볼까? 다음은 중학교 1학년생이 쓴 기행문 중 일부야. 가족과 함께 겨울에 강원도의 몇몇 절을 들러 보고 난 후 썼다고 해.

〈제목 : 강원도 여행〉
우리는 잠시 휴게소에 들른 뒤 바로 진부 오대산 월정사로 갔다. 그곳에는 '월정사 팔각구층석탑'이 있다. 4각 3층의 고정관념을 화끈하게 깨 버리고 팔각에 9층으로 만든 고려 초기의 석탑. 그 석탑 앞에는 석조보살좌상이 쭈그리고 앉아 계신다. 국보급 탑과 불상을 보유한 절이라지만 규모가 작아 보였다. 물론 보이는 곳보다 보이지 않는 부분이 더 많을 것이다. 시간이 넉넉했더라면 전체를 볼 수 있었을 텐데, 아쉽다.

솔직히 절에 큰 관심이 가지는 않았다. 오히려 내 시선을 끈 것은 발목이 빠질 정도로 쌓인 흰 눈이었다. 나는 동생과 눈싸움을 하느라 시간이 가는 줄 몰랐다. 아, 부처님께 쬐금 죄송하다. 문화재를 깊이 있게 바라보려는 자세를 쌓아야 할 듯하다.

이어 근처에 있는 상원사로 갔다. 분위기는 월정사와 거의 비슷했다. 상원사에는 국보인 상원사 동종이 있는데 이 동종이 유명한 이유는 지금 한반도에 현존하는 종들 중 가장 오래된 것으로 신라 성덕 대왕 초기에 지어졌다.

이번에도 내 관심을 끈 것은 소원을 이루어 준다는 거울이었다. 난 거기다 여친을 생기게 해 달라고 간절하게 기도했다. 기행문에 이 내용을 털어놓을까 말까 하다 털어놓는 것도 혹시 부처님이 내 정성이 갸륵하다고 여겨 소원을 들어주실 수도 있다는 생각을 해서다. 에이, 관두자.

평창 한우 마을에 들러 배불리 한우를 먹었다. 이어 동해 묵호 바다로 차를 달렸다.

바다와 어울리는 아름다운 흰 묵호 등대가 있었다. 안타깝게도 입장 종료시간(5:00)에 7분 늦었다. 우리 가족은 그 대신 등대 주변의 논골담 마을을 둘러봤다. 담벼락마다 아리따운(?!) 그림들이 그려져 있었다. 뭐랄까… 풋풋하다고 해야 되나? 입체감이 있다고 해야 되나. 아주 정성스레 그렸다. 어둑어둑해졌지만 우리 가족은 열심히 마을을 돌아다니며 사진을 찍었다. 분위기가 아주 좋았다.

이 글을 쓴 학생은 아주 자유분방한 성격인가 봐. 고찰에 가서 막상 감상해야 할 문화재는 눈에 넣지 않고, 주변 풍경이나 시설물에 더 관심을 기울이는 걸 보면 말이야. 그래도 이 기행문은 나름대로 읽는 재미가 있어. 게다가 여행 정보도 충실하게 담았고, 약하지만 느낌과 감정도 곳곳에서 볼 수 있거든.

이 글은 전체 기행문의 한 부분이기 때문에 결론이 어떻게 매듭지어졌는지는 알 수 없어. 좀 통통 튀는 감은 있지만, 아마도 재미있는 기행문이 나오지 않았을까 싶어. 다만, '쬐끔'이나 '여친'같이 표준어가 아닌 표현은 쓰지 않는 게 좋아. 이런 표현이 나머지 부분에도 많다면, 읽는 데 상당히 거슬리거든.

이 글은 여러분이 직접 고쳐보도록 해. 시간 순서대로 정리하고, 여행 정보와 에피소드를 담으며, 느낌과 감상, 깨달음을 넣는 걸 잊지 마.

7주

감상문 쓰기

10주완성

과제

01 독서 감상문 한 편 쓰기

02 영화 감상문 한 편 쓰기 (영화 대신 박물관이나 미술관 감상문도 괜찮다)

03 두 글을 점검해 긴 문장을 짧게 나누고 접속사 줄이기

04 두 글에서 가능한 부분을 찾아 비유법 두 종류, 표현법 한 종류 이상 넣기

05 두 글에서 가능한 부분을 찾아 묘사 1회, 서사 1회 이상 시도하기

7주에 도전할 작품은 감상문이야. 감상문은 책을 읽거나 영화, 연극 같은 공연을 본 뒤 소감을 적는 글이지. 미술관이나 박물관에 다녀온 후 느낌을 적었다면 그 또한 감상문이 돼. 좋아하는 음악에 대한 평을 적은 글도 마찬가지야. 산이나 바다로 놀러 갔다가 자연 풍광을 바라보다 문득 떠오른 생각을 글로 적었다면 이 글도 감상문이야.

이 모든 글의 공통점은? 그래, 무언가를 '감상'한 후 적는 글이라는 거야. 일기는 그날의 생활을 반성하고, 기행문은 여행 정보를 제공하면서 느낌을 적는 게 주목적이지? 감상문은 나의 '느낌과 정서'를 표현하는 게 주목적이야. 정보를 전달하려는 목적에서 쓰는 글은 아니지.

7주 과제를 이행하기 위해 먼저 책 한 권을 읽고, 영화 한 편을 보도록 해. 영화 감상이 여의치 않다면 박물관이나 미술관을 찾아가는 것도 나쁘지 않아. 이미 2주 전에 끝낸 훈련이지만 일기는 되도록이면 매주 한 편 이상 쓰는 게 좋아. 문장과 글을 다듬는 〈과제 03〉, 〈과제 04〉, 〈과제 05〉도 이행하도록 해.

다른 사람이 쓴 감상문을 읽고 난 후 '그 감상이 옳다!'거나 '그 감상이 그르다!'는 식으로 평가를 해서는 안 돼. 똑같은 책, 똑같은 영화라고 해도 독자나 관객에 따라 느끼는 점이 다를 수 있어. 감동하는 대목도 모두 똑같지 않아. 그러니 누구의 감상은 옳고, 누구의 감상은 그르다고 평가하는 것은 적절치 않은 거야.

글쓴이의 정서와 감상을 반드시 드러내라

조금 극단적으로 가정해 볼까? 누군가 "나는 이 책을 읽으면서 아무런 감흥을 받지 못했다"라고 감상문을 썼어. 이게 감상문이 될까? 정답은 "그렇다!"야. 왜 그렇게 감상문을 성의 없이 썼느냐고 타박할 수는 있지만, 감상문이 맞는 것은 사실이야. 물론 학교 과제를 이런 식으로 써서 내면 낙제점을 받겠지만 말이야.

정서적 반응이 없다는 이유로 감상문을 비판할 수는 없어. 다만 그런 글을 읽으려는 독자는 별로 없을 거야. 사람들이 왜 다른 이의 감상문을 읽겠어? 그 글을 읽음으로써 간접경험을 하려는 의도에서야. 아무런 정서가 담겨 있지 않은 감상문을 읽을 필요가 있겠어?

모름지기 좋은 감상문이라면 글쓴이의 정서가 드러나도록 느낌이 많이 담겨 있어야 해. 좋고 싫음, 옳고 그름 등 글쓴이가 생각하고 판단하는 것까지 그대로 글에 담겨 있어야 하지. 이것이야말로 감상문의 첫 번째 원칙이야.

다시 말하지만, 감상문은 철저히 개인적인 글이야. 글쓴이의 감정을 숨길 필요가 없어. 자신의 개성이 그대로 드러나도록, 아니 더 돋보이도록 글을 써 봐. 생각을 밝히는 것에 주저하지 마. 확실하고 선명하게 주장과 생각을 넣어.

물론 이 과정에서 다른 사람을 모독하거나 '나만 옳다!'는 식의 아집을 담으면 곤란해. 뭐, 사실 감상문이니 이렇게 해도 큰 상관은 없어. 하지만 누가 그런 글에 공감하겠어? 어느 글이든지 절제된 상상과 주장은 필요한 덕목이야.

요약과 감상을 적절히 배합하라

상당수의 학생이 독서 감상문을 쓸 때 '정해진 틀'을 따르고 있어. 먼저 책의 내용을 요약하고, 맨 마지막에 느낌을 두세 줄 적는 거지. 이런 식의 감상문은 좋은 평가를 받지 못해. 사실 이런 감상문은 느낌, 혹은 결론이라고 부를 수 있는 뒷부분도 판에 박은 것처럼 상투적일 가능성이 크지.

감상문 쓰는 요령을 잘 모르는 학생에게 독후감을 써내라고 하면 실제로 이렇게 글을 쓴다. 이미 지적했던 대로 줄거리를 먼저 요약하고, 그 뒤에 자신의 느낌을 한두 줄 붙이지. 이 분량을 비율로 계산하자면 대체로 '줄거리 요약'이 80~90% 정도, '느낌과 감상'이 10~20% 정도야. 이 비율이 95%대 5%인 독후감도 종종 볼 수 있어.

다음 독서 감상문이 그런 사례야. 《Sarah, plain and tall》이란 영어 소설(동화)을 읽고 쓴 감상문이지.

이 책은 아이들을 낳자마자 돌아가신 엄마를 그리워하는 아이들이 새엄마를 구하는, 실제 있을법한 내용을 다룬 책이다.

주인공은 엄마가 없어 혼자 집안일을 하는 여자아이 안나(Anna)이다. 안나에게는 남동생 칼렙(Caleb)이 있다. 엄마는 칼렙을 낳고 나서 바로 돌아가셨다. 어느 날, 둘의 아빠 제이콥(Jacob)은 신문에 새엄마를 구하는 광고를 내고, 미국 북동쪽 바닷가에 사는 사라(Sarah)라는 키 크고 평범한 여자에게서 답장을 받는다. 한 달 동안 사라는 예전에 살던 바닷가 마을을 그리워했지만, 결국 아이들의 새엄마가 된다.

책에서 풍경과 상황이 묘사가 구체적으로 되어 있어 실감 났다. 그런 표현이 머릿속에서 상상하는 데에 도움이 되었다. 또, 모르고 있던 갖가지 재미난 영어 표현들이 많아서 읽을 때 심심하지 않아 좋았다.

줄거리 요약 후 느낌 몇 줄 적는, 잘못된 감상문의 전형적인 모습이야. 이 학생에게 그 점을 깨닫도록 해 줬어. 왜 사라가 아이들의 새엄마가 됐는지, 그 과정에서 기억나는 에피소드는 없는지를 물었지. 그런 에피소드를 보강하면서 느낀 점도 함께 쓰는 게 어떻겠냐고 했어. 그러자 학생은 다음처럼 글을 고쳤어.

이 책은 아이들을 낳자마자 돌아가신 엄마를 그리워하는 아이들이 새엄마를 구하는, 실제 있을법한 내용을 다룬 책이다.

주인공은 엄마가 없어 혼자 집안일을 하는 여자아이 안나(Anna)이다. 안나에게는 남동생 칼렙(Caleb)이 있다. 엄마는 칼렙을 낳고 나서 바로 돌아가셨다. 어느 날, 둘의 아빠 제이콥(Jacob)은 신문에 새엄마를 구하는 광고를 내고, 미국 북동쪽 바닷가에 사는 사라(Sarah)라는 키 크고 평범한 여자에게서 답장을 받는다.

사라는 한 달 동안 있어 보다가 결혼을 할 것인지 결정할 것이라고 하였다. 그 한 달 동안 정말 많은 에피소드가 있었다. 나는 그중에서, 사라가 바닷가의 모래 언덕에서 논 얘기를 해서 건초로 언덕을 만든 게 제일 기억에 남는다. 요즘 아이들은 시시하다고 툴툴대겠지만, 아이들은 건초 언덕에서 시간 가는 줄 모르고 재미있게 논다. 나는 이 부분에서 아이들이 정말 순수하고 귀여워 보였다.

아이들은 어떻게든 사라가 새엄마가 되었으면 하고 바랐다. 칼렙이 누나한테 "내가 아프면 사라가 가지 못하고 남을 거야"라고 한 부분에서 그 마음이 느껴졌다. 사라는 예전에 살던 바닷가 마을이 그립지만, 아이들이 더 좋아서 결국 새엄마가 된다.

책에서 풍경과 상황이 묘사가 구체적으로 되어 있어 실감 났다. 그런 표현이 머릿속에서 상상하는 데에 도움이 되었다. 또, 모르고 있던 갖가지 재미난 영어 표현들이 많아서 읽을 때 심심하지 않아 좋았다.

사실 문장을 손봐야 할 부분은 아직도 많아. 느낌도 더욱 정교하게 표현해야겠지. 그래도 글이 눈에 띄게 좋아진 것 같지 않아? 중간에 밑줄 친 부분, 그러니까 몇몇 에피소드와 그에 대한 느낌만 적었을 뿐인데도 이런 효과를 볼 수 있어. 내용이나 줄거리를 무턱대고 요약하는 건 좋은 감상문이 아니야. 중간중간에 감상을 적절히 배합해야 해. 이것이 좋은 감상문을 쓰는 두 번째 원칙이란다.

이 학생 글과 정반대의 사례도 있어. 줄거리를 거의 요약하지 않고 자신의 느낌만 잔뜩 집어넣는 거지. 표현력이 아주 좋다면 이런 글도 독창적이라는 평가를 받을 수 있어. 하지만 애매하게 글을 썼을 때는 거의 주목을 받지 못해. 이 경우 줄거리 요약은 30% 정도로 하고, 나머지 70% 정도를 느낌과 주장으로 채우기도 해. 이 비율 자체는 나쁘지 않지만 횡설수설하면서 자기 생각만 강요한다면? 독자들이 별로 읽고 싶어 하지 않겠지. 당연히 좋은 글이 될 수 없어.

감상 과정을 충실하게 하라

독후감을 쓰라고 했더니 책 요약본을 읽고 글을 쓰는 학생들이 있어. 마치 책을 읽은 것처럼 요약본을 읽고, 그 요약본을 다시 요약해 감상문을 쓰지. 이런 감상문이 제대로 된 감상문일 리가 없어. 독서 감상문을 쓰려면 반드시 책 '원본'을 읽어야 해.

영화 감상문을 쓸 때도 주의할 점이 있어. 보통 신문이나 인터넷에 영화 정보나 관련된 해석이 많이 올라와 있어. 영화 감상문을 쓰라고 했더니 이 해석을 지나치게 많이 참고하는 경우가 많아. 이 경우에는 감상문이 인터넷에 올라온 감상문을 소개하는 '설명문'이 돼 버릴 수도 있어.

두 경우 모두 감상이 충실하지 않다는 공통점이 있어. 요약본을 보는 것이나 다른 사람의 해석을 '커닝'하는 것 모두 감상이 아니지. 반드시 감상을 제대로 한 후 글을 써야 해. 어떤 점에서 보면 감상 문은 글을 쓰기 전, 그러니까 감상하는 과정에서부터 시작된다고 할 수 있어. 감상을 충실하게 제대로 하는 게 감상문을 쓰는 세 번째 원 칙이야.

이와 관련해 하나 더 알아 둬야 할 게 있어. 바로 아는 만큼 보인 다는 거야. 기행문을 쓸 때도 이 점은 마찬가지야. 유적지에 갔을 때 그 역사를 알고 있다면 훨씬 감동이 커져. 박물관에서 유물을 보거나 미술관에서 작품을 봤을 때 관련된 역사나 정보들을 알고 있다면 더 욱 생생한 감동을 느끼겠지? 이 말을 정리하자면 이렇게 말할 수 있 을 거야. 감상문은 글쓴이의 지식이나 인식 수준에 크게 좌우된다!

감상이 끝난 후에도 감상은 끝나지 않아. 무슨 말이냐고? 책을 읽 거나 영화를 보는 것 자체가 감상이지? 하지만 독서나 영화 감상 이 후에 관련 정보를 찾아 공부하는 것도 감상의 일부가 돼. 이렇게 해 서 습득한 지식이 감상문 작성에 도움이 되거든.

영화 감상문의 경우 특히 유의해야 할 점이 있어. 줄거리에만 몰 두해선 안 된다는 거야. 영화는 '종합예술'이야. 영화에서 줄거리가 가장 중요한 부분인 것은 맞지만 줄거리만이 중요한 것은 아니지. 영화에서는 배경과 음악, 주인공들의 대사, 심지어 숨소리 하나하나까지 모두 중요해.

영화감독은 전달하고 싶은 메시지를 줄거리에만 심어 놓지 않아. 주인공의 느릿느릿한 대사나 그 말을 할 때의 표정, 또는 그 대사를 하는 순간의 주변 상황이나 흘러나오는 배경음악 어딘가에 그 메시지를 교묘하게 숨겨 놓기도 하지. 그 메시지를 찾아내고, 그 메시지를 내 나름대로 재해석하는 것! 그게 영화를 보는 재미지. 영화 줄거리에만 몰두했다면 지금부터라도 습관을 고치도록 해 봐. 그렇게 하면 영화 감상하는 맛이 더 쏠쏠할 거야.

자, 지금까지 배운 세 원칙을 염두에 두고 다음 영화 감상문을 읽어 볼까? 중학교 3학년 학생이 영화 〈암살〉을 보고 쓴 글이야.

일제의 민족 말살 통치가 조선을 옥죄던 1930년대. 한인애국단과 의열단은 일제의 중요 인물과 친일파를 암살할 팀을 조직한다. 그러나 팀의 암살 작전과는 다르게 흘러가는 상황, 계속 튀어나오는 변수에 암살 팀은 위기를 맞게 된다.

영화 〈암살〉의 주 내용이다.

지하철에 붙어 있던 이 영화의 개봉 임박을 알리는 포스터에서 제일 먼저 눈에 띄었던 것은 배우들이었다. 정말이지 역대급 캐스팅이었다. 우리나라를 주름잡는 배우들이 총을 한 정씩 들고 비장한 표정으로 날 노려보고 있었다. 광고를 볼 때부터, 이 영화는 왠지 꼭 봐야 한다는 생각이 들었다. 배우들은 자신들의 역에 꼭 어울렸고, 연기도 매우 잘했다.

배우만 좋은 것도 아니었다. 스토리가 매우 탄탄하고 짜임새 있게 구성

되었다. 어느 부분은 과감하게 가상의 이야기를 넣은 한편, 어느 부분은 그 당시 일제의 무시무시한 탄압을 사실적으로 표현했다. 예를 들어, 김구와 김원봉은 1930년대에는 만난 적이 없지만, 어차피 영화 속의 암살 작전 자체가 실제로 존재하지 않기 때문에 감독은 둘을 만나게 하는 허구적인 설정을 과감히 더한 것으로 보인다. 그 결과, 스토리가 더 탄탄해지고 신선해졌다. 반면, 일본 간부가 어린 조선 소녀를 총으로 쏴 죽이는 장면은 당시 일제의 탄압을 생생히 보여 주었다.

감독은 공부를 굉장히 많이 한 것 같았다. 안옥윤(전지현)이 광복이 되고 염석진(이정재)을 죽이기 전, "김구 주석님의 암살 지령, 지금 수행합니다"라는 말을 했다. 이 대사는 암살 명령이 내려지기 전엔 움직이지 못하는, 그러나 타깃으로 지목된 사람은 오랜 시간이 지나도 반드시 죽이는 암살팀의 특징을 표현할 감독의 의도인 듯하다. 또 하와이안피스톨(하정우)이 어릴 적 속해 있었던 '살부회'는 김구가 쓴 책에 나오는 기록을 인용한 것이라고 한다. 감독의 치밀한 설정과 노력이 돋보인다.

안옥윤이 "두 명 죽인다고 독립이 되냐고? 모르지. 하지만 알려야지. 우린 싸우고 있다고."라고 한 것은 당시 독립 운동가들의 심정을 나타낸다. 현재 우리가 이렇게까지 살 수 있는 것은 다 그들의 목숨을 바친 헌신이 있었다는 것을 알아야 한다. 그들이 끝까지 싸웠다는 것을 우린 알아야 한다.

이 감상문은 줄거리 요약에 치우치지 않았다는 점에서 일단 좋은 점수를 받을 것 같아. 또한 줄거리 요약과 자신의 느낌을 적절히 배합하는 데도 어느 정도 성공했어. 덕분에 글이 무난하다는 생각이 들어. 영화가 종합예술이란 점을 감안해 캐스팅, 연기력, 연출력 등을 평가한 것도 괜찮았어.

다만 아주 좋은 점수는 줄 수 없을 것 같아. 세 번째 원칙, 즉 감상을 제대로 했느냐가 의심되거든.

이 감상문에는 영화의 줄거리나 구성에 대한 분석이 많이 들어 있어. 아주 바람직한 감상 태도야. 혹시나 해서 이 글을 쓴 학생에게 물어봤어. 이 분석을 혹시 어디에서 참고한 것 아니냐고. 틀에 박힌 분석 같다는 느낌이 들었거든. 아닌 게 아니라 이 학생은 영화를 보기 전에 신문 기사와 인터넷 게시 글에서 분석 내용을 미리 봤다고 했어. 그렇게 얻은 정보를 자기 생각인 양 감상문에 적은 거야. 결국 이 감상문에 나온 분석은 이 학생의 분석이 아닌 셈이지. 조금 심하게 말하자면 이 감상문은 여기저기에 있는 감상을 묶은 글이 되는 거야.

전체적으로 약간 체계적이지 않다는 느낌도 들어. 이를테면 첫째, 도입부에서 〈암살〉의 주 내용이라며 전반부 줄거리만 요약했어. 그 후의 줄거리는 다시 나오지 않아. 기왕이면 한두 줄 언급했으면 좋았을 텐데 말이지.

둘째, 왜 이 영화를 꼭 봐야 한다고 생각했는지에 대한 이야기가 없어. 사실 영화 감상문이기 때문에 영화 감상 이유를 적지 않아도 돼. 하지만 이 학생은 앞부분에 그 말을 언급했어. 그렇다면 그 이유를 밝히는 게 좋아.

셋째, 이 학생이 시도한 분석 가운데 엉성한 게 몇 군데 있어. 김원봉과 김구가 만나는 설정 때문에 "스토리가 탄탄하고 신선해졌다"고 분석한 것은 너무나 당연한 것을 굳이 분석한 경우야. "감독이 굉장히 공부를 많이 한 것 같다"면서 "암살 팀의 특징을 표현할 감독의 의도"라고 쓴 부분은 얼핏 이해가 가지 않아. 분석 자체가 잘못됐다는 말이야.

감상문에서는 마음대로 글쓴이의 감성과 정서를 드러내도 돼. 하지만 분석과 정서(느낌)는 다른 거야. 기왕 분석할 거면 누구나 고개를 끄덕일 수 있게 객관적이고 합리적이어야 해. 자, 이제 이 글을 살짝 고쳐 볼까?

이 영화가 개봉하기 전 지하철에 붙어 있는 포스터를 봤다. 호화 캐스팅이었다. 최고 배우들이 총을 들고 비장한 표정으로 날 노려보고 있었다. 그때가 광복절을 앞둔 며칠 전이었다. 올해는 광복 70년 되는 해. 의미가 있는 해인 만큼 독립군들의 활약을 담은 이 영화는 꼭 봐야겠다고 생각했다.

일제의 민족 말살 통치가 조선을 옥죄던 1930년대. 한인애국단과 의열단은 일제 고위인사와 친일파를 암살할 팀을 조직한다. 그러나 팀의 작전과는 다르게 흘러가는 상황, 여러 변수가 튀어나오면서 암살 팀이 위기를 맞는다.

영화 〈암살〉의 전반부 내용이다. 이 영화의 후반부는 팀이 그 위기를 극복하고 마침내 임무를 완수하는 과정을 보여준다.

스토리는 매우 탄탄하고 짜임새 있었다. 배우들도 배역에 잘 어울렸고, 연기도 수준급이었다. 가상의 설정도 돋보였다.

예를 들어 극 중 전반에 김구와 김원봉이 만나는데, 실제로 이들은 1930년대에 만난 적이 없다. 두 인물은 1940년대 들어 대한민국임시정부 산하에 광복군이 조직되면서 만나게 된다. 김원봉이 의열단이란 무장단체를 이끌며 활동했고, 김구가 한인애국단을 만들어 활동했기 때문에 두 인물이 만나 암살 팀을 꾸린다는 설정을 한 것 같다.

일제의 잔인함을 드러나게 하는 장면도 기억이 난다. 한 일본군 장교가 어린 조선 소녀를 총으로 쏴 죽이는 장면이 있었는데, 당시 일제의 탄압을 생생하게 보여주는 것 같았다.

극 중 악역인 염석진(이정재)은 친일파의 상징이다. 일제로부터 해방되고 난 후에도 자신이 민족 지도자인 것처럼 연기하는 장면, 염석진이 반민특위에서 무죄 판결을 받고 풀려나는 장면에서는 내 주먹이 부르르 떨렸다. 많은 관객이 비슷한 감정이었을 것이다. 감독도 어쩌면 염석진을 용서하지 못한 것 같다. 극 중 여주인공인 안옥윤(전지현)이 마침내 "김구 주석님의 암살 지령, 지금 수행합니다!"라는 말과 함께 염석진을 저격할 때는 우리 민족의 분이 풀리는 것 같은 통쾌함을 느꼈다.

안옥윤의 "두 명 죽인다고 독립이 되느냐고? 모르지. 하지만 알려야지. 우린 싸우고 있다고"라는 대사는 두고두고 기억될 만한 명대사다. 독립운동가들의 그런 헌신이 없었다면 우리가 독립을 쟁취할 수 있었을까? 그런데도 우린 너무 쉽게 그 희생을 잊어버리는 것 같다.

영화를 본 이유를 감상문에 넣는다면 이처럼 그 이유를 밝혀 줘야해. 그렇지 않을 거라면 애초에 넣지 않는 게 좋겠지. 또한 시간 순서상 왜 영화를 보게 됐는지를 먼저 쓰고, 이어 영화의 줄거리를 소개하는 게 매끄러운 전개 방식이야. '역대급 캐스팅' 같은 표현은 쓰지 않는 게 좋아. 인터넷에서 쓰는 용어인데, 이런 용어가 많이 들어가면 글의 '품격'이 떨어지거든. 후반부 줄거리도 요약해 넣었어. 밑줄 친 부분이 달라진 내용인데, 원문과 비교해서 읽어 봐.

10주완성

8주

설명문
쓰기

과제

01 주 초반에 설명문 한 편의 주제를 정하고 관련 자료 찾기

02 설명문 한 편 쓰기 (정의, 비교, 대조, 분류, 분석, 예시, 인용 중
4개 이상의 표현 방법 활용하기)

03 긴 문장을 짧게 나누고 접속사 줄이기

04 가능한 부분을 찾아 비유법을 두 종류 이상 시도하기

05 묘사 위주의 짧은 글 한 편 쓰기 (일기, 감상문, 기행문 등 장르 불문)

8주 과제는 설명문이야. 5주의 일기, 6주의 기행문, 7주의 감상문보다는 조금 까다로울 거야. 지금까지의 글과 달리 설명문은 '형식'과 '내용'이 모두 중요하거든. 따라서 무턱대고 설명문 쓰기에 도전하면 실패할 수 있어. 사전 준비가 필요하지. 그래서 8주 과제에는 설명문 작성에 필요한 자료를 찾는 것부터 과제로 집어넣었어.

〈과제 03〉, 〈과제 04〉는 지금까지 늘 해 오던 거야. 이 과제는 앞으로도 계속 나올 거야. 지속적으로 복습하는 의미에서 이행하도록 해. 〈과제 05〉가 새로 추가됐어. 어떤 장르이냐에 상관없이 자유자재로 톡톡 튀는 글쓰기 실력을 갖추는 데 필요한 훈련이지.

많은 학생이 설명문을 쓰거나 읽으라고 하면 인상부터 찡그려. 딱딱하고 어렵다고 생각하기 때문이야. 설명문이 꼭 그런 글일까? 아니야. 설명문은 우리 생활에 밀접한 글이란다.

온라인 쇼핑몰에서 컴퓨터를 샀다고 가정해 볼까? 주문을 마치고 돈을 지불하면 며칠 이내로 제품이 배달돼. 제품 상자를 뜯어 보면 사용설명서가 눈에 들어올 거야. 컴퓨터만 그런 게 아니야. 제품의 종류에 상관없이 반드시 사용설명서가 들어 있어. 그 설명서가 바로 설명문에 해당돼.

사실과 정보만 써라

제품 설명서를 읽어 본 적이 있어? 거기에 느낌이 들어 있나? 아니야. 그런 경우는 없어. 바로 이것이 설명문의 가장 중요한 원칙이자 첫 번째 원칙이야. 바로 사실과 정보만 객관적으로 전달하는 것이 올바른 설명문이라는 거지. 글쓴이의 느낌이 들어 있다면 설명문이라고 할 수 없어. 느낌이 더 많다면 수필이나 감상문, 일기에 가까울 테고 주장이 더 많다면 논설문에 가까워.

사실을 전달하는 글, 이것이 바로 설명문이야. 그런 의미에서 제품 설명서야말로 가장 전형적인 설명문이라고 볼 수 있어. 놀이시설에 갔을 때 볼 수 있는 안내문 또한 설명문이라고 할 수 있어. 키와 몸무게는 어느 정도, 나이는 몇 살 이상 돼야 놀이기구를 탈 수 있다는 정보를 담고 있으니까.

신문 기사도 설명문의 일종이라고 볼 수 있어. 사건과 사고 등에 대해 객관적으로 정보를 전달하기 때문이지. 물론 칼럼이나 사설처럼 주관적인 생각이나 감정이 들어 있는 기사는 설명문이 아니야. 사건을 그대로 지상 중계하는 기사(이런 기사를 신문에선 스트레이트 기사라고 해)만 설명문에 속해.

여러분이 매일 접하는 학교 교과서에 실린 글들도 설명문이라고 볼 수 있어. 십대에 알아 둬야 할 지식과 정보를 객관적으로 전달하고 있기 때문이야.

설명문을 쓸 때 지켜야 할 원칙은 더 있어. 다음 글을 통해 그 원칙들을 배워 볼까? 이 글은 중학교 2학년 학생이 학교에 제출한 과제물이야. 학교 선생님은 적당한 소재를 찾아 설명문을 쓰라는 과제를 냈어. 이 학생은 '수호신'을 소재로 정했어. 인터넷에서 정보를 검색한 뒤 1차로 초고를 썼고, 그 글을 다듬어 최종 글을 완성했다고 해. 좀 길더라도 분석을 위해 전체 원고를 다 보도록 할게.

〈제목 : 한국의 상상의 수호 동물들〉
수호신이란 '수호하다('지키다'라는 뜻)'의 '수호'에 '신'이라는 단어를 붙인 말로, 지키는 신들이란 뜻이다. 한국에는 이런 수호신들이 여럿 있다. 하지만 내가 말하려는 수호신들은 예전부터 우리나라를 지키는 상상 속의 동물이다. 이들은 다른 수호신들하고는 달리 사람의 형태가 아니다. 이 상상의 동물들은 사신, 오룡, 사령, 해태, 천록 등으로 나뉜다.
사신은 사방(동서남북)을 지키는 신을 말한다. 사신에는 청룡(동), 백호(서), 주작(남), 현무(북)가 있다.
청룡은 동쪽을 지키는데, 태양이 동쪽에서 뜨므로 태양을 지킨다고 할 수 있다. 온몸이 파란 비늘로 덮여 있다. 백호는 서쪽에서 달을 지킨다고 할 수 있다. 하얀 몸에 검은 줄무늬를 가진 호랑이라고 보면 될 것이다. 주작은 동양의 불사조(피닉스)라고 보면 되고, 남쪽을 지킨다. 붉은색의

깃털을 가졌고 불을 다스린다고 전해진다. 해태가 (해태라고 불리기 전) 죽을 위기에 처했을 때 주작이 구해주었다고 한다. 주작 역시 왕을 상징하는 새이다. 현무는 북쪽을 지키는 거북 모양의 수호신이다. 온몸이 검은색이고 몸에 뱀을 두르고 있다고 한다. 물속에 산다는 이야기도 전해진다. 현무의 강력함을 보여주는 예로는 왕실에선 가장 약한 뒷문에 현무의 문양이나 동상을 붙였고, 이순신은 거북선을 현무에게서 본떴다. 현무는 이래서 동양의 전설이라고도 불린다.

오룡은 다섯 마리의 용을 말한다. 오룡에는 황룡, 적룡, 백룡, 청룡, 흑룡이 있다. 황룡은 세상의 중앙을 다스린다고 하여 황제라고도 불리며 역시 온몸이 금빛이다. 대왕이 탄생할 때 나타난다고 한다. 흑룡은 사악한 용이라는 이야기도 전해져 내려오지만 흑룡을 매우 신성시했다는 전설도 있다. 적룡은 온몸이 빨간 비늘로, 백룡은 하얀 비늘로 덮인 용이다.

사령이란 전설에 나오는 네 마리의 신성한 동물들을 말한다. 사령에는 기린, 봉황, 영귀, 용이 있다. 기린은 사슴같이 생긴 상상의 동물이며, 충실한 신하가 탄생할 때 나타난다고 한다. 봉황은 주작과 비슷한 불사의 새로, 온몸이 알록달록하다. 태평성대가 올 때 나타나는 새이다. 영귀는 천 년 이상을 산 거북이다. 길흉을 예지한다고 전해지는 신성한 동물이다. 용은 우리가 흔히 알고 있는 무수히 많은 비늘과 뱀의 몸, 사슴의 뿔, 낙타의 얼굴, 토끼의 눈, 독수리의 발을 가진 신성한 상상의 동물이다. 종류는 사룡으로 나뉜다.

그 밖의 상상의 동물에는 해태, 천록이 있다. 해태는 이마의 큰 뿔과 온몸에 복슬복슬한 털을 가지고 있는 상상의 동물인데, 사자 형상을 하고 있지만 원래는 삽살개라고 한다. 옳음과 그름을 판단하는 정의의 동물로, 악한 자는 뿔로 들이받는다고 한다. 천록은 그리 유명하지는 않지만 궁내 왕실 가족들과 궁을 보호하는 수호 동물의 역할을 조용히 해 왔다. 해태와 비슷하게 사자의 형상이고 머리에 뿔을 가지고 있지만 노란 빛깔 털을 가진 해태와는 달리 파란빛이 도는 비늘로 덮여 있고 털이 한 올도 없다.

해태, 주작, 현무, 백호, 청룡에 얽힌 전설이 하나 있다. 본래 삽살개라고 불렸던 해태는 자신이 속한 어둠의 왕국(이 나라는 한국일 확률이 매우 높다)에 빛이 없어 그 나라를 비추어 줄 강한 빛을 찾아 떠난다. 삽살개(해태)는 물속에서 떠오르는 현무에게 가장 강한 빛을 내는 광원을 물어봤고 현무는 해와 달, 그리고 마음속에 있는 빛이라 답하였다. 삽살개는 먼저 해를 찾아 동쪽으로 떠났고, 동쪽의 수호자 청룡하고 싸워 이겨 해를 가져가 보려고 했으나 뜨거워 가져갈 길이 없어 실패하고 서쪽으로 떠났다. 백호하고 싸워 이겨 달까지 가져가 보려고 했으나 차가워서 역시 실패했다. 만신창이가 된 삽살개는 어둠의 왕국으로 돌아와 왕이 앉아 있는 왕좌 앞에서 쓰러지고 강한 빛을 토해냈다(이것이 마음의 빛인지 그냥 해와 달을 깨물어서 생긴 빛인지는 전해지지 않았다). 왕과 신하들은 왕실과 이 나라를 가득 채우는 빛을 보고 두려움에 떨었고, 신하들은 왕에게 삽살개를 절벽에 떨어뜨려 죽여야 한다고 아뢰었다. 왕은 너무 안타까웠지만 고개를 끄덕였다.

삽살개를 절벽에 떨어뜨리고 빛이 사그라지는 순간 주작이 떨어지는 삽살개를 발톱으로 잡아내 살려냈다. 이 일 이후로 삽살개는 해태라고 불리게 되었다.

이 전설 외에도 해태가 해와 달을 지켜낸 이야기, 쇠를 먹는 불가사리의 이야기 등 여러 전설이 전해진다.

지금까지 한국 수호신의 뜻, 종류, 전설에 대해 알아보았다. 이 글을 읽는 사람들이 우리를 상징적으로 지켜 주는 이 수호신들에 대해 더 많은 관심을 가져 주었으면 좋겠다. 이 수호신들은 한국인들의 머릿속에 평생 남아 한국을 지킬 것이다.

긴 글을 다 읽고 난 느낌이 어때? 머릿속이 정리돼? 글쓴이가 제대로 설명하고 있는 걸까? 그 대상을 객관적으로 설명하고 있나? 설명한 내용은 정확한 걸까?

설명문의 첫 번째 원칙, 즉 '사실과 정보만 객관적으로 전달하기'를 이 글은 나름대로 지키려고 노력했어. 끝에서 자기 생각과 느낌을 그대로 드러내고 있긴 해. "이 글을 읽는 사람들이 우리를 상징적으로 지켜 주는 이 수호신들에 대해 더 많은 관심을 가져 주었으면 좋겠다. 이 수호신들은 한국인들의 머릿속에 평생 남아 한국을 지킬 것이다."

원칙만 따지자면 설명문에서 이런 식의 결론은 옳지 않아. 하지만 내용을 요약하면서 자기 생각과 느낌을 간단히 제시할 수 있어. 그러니 이런 식의 결론을 아주 나쁘다고만은 할 수 없어.

정확한 사실과 정보만 전달하라

첫 번째 원칙과 이어지는, 또 다른 중요한 원칙이 있어. 설명문의 이 두 번째 원칙이 '정확한 사실과 정보만 전달하기'야. 신뢰할 수 없는 정보나 사실관계가 확인되지 않은 정보, 명확한 사실이 아닌 정보를 설명문에 담으면 안 돼.

이 두 번째 원칙을 이 학생은 거의 지키지 않고 있어. 무엇보다 이 학생이 제시하는 정보가 사실에 근거하지 않아. 쉽게 말해 틀린 정보가 많다는 이야기야.

아마 이 학생은 전설 속에 나오는 수호 동물을 모두 '우리의 전통적인 수호 동물'이라고 착각한 것 같아. 하지만 사실관계가 틀렸어. 사신(四神)이나 사령(四靈) 혹은 사수(四獸), 해태, 천록 모두가 고대 중국에서 전해 내려오는, 상상 속의 신령한 동물이거든. 그것들은 삼국시대에 우리나라에 전래된 후 우리 조상들의 삶에도 뿌리를 내렸지. 이 사실을 이 학생은 몰랐던 것 같아. 그래서 신령한(혹은 상상 속의) 동물들을 모두 '한국의 수호 동물'로 규정한 거야. 독자들에게 잘못된 사실을 '설명'하고 있는 셈이지.

상상 속의 동물을 모두 수호신이라고 할 수 있느냐 하는 것도 논란의 여지가 있어. 이 중 일부는 신령한 동물로 여겨지는 게 맞아. 하지만 신령함과는 무관한 상상 속 동물도 있어. 그러니 이 모든 동물이 사람을 수호한다고 볼 수는 없지. 결국 글쓴이가 주관적으로 판단했으면서도 마치 객관적인 사실처럼 이 동물들을 '수호 동물'로

둔갑시킨 결과로 이어졌어.

모호함 없이 명쾌하게 표현하라

설명문은 그 어떤 글보다 명쾌해야 해. 애매모호함이 남아서는 안 돼. 일기나 기행문, 감상문처럼 주관적인 느낌이 많이 들어가는 글에서는 모호한 표현도 괜찮을 수 있어. 간혹 이런 모호한 표현이 오히려 독자의 상상력을 자극하기도 하지. 하지만 설명문에서는 절대 그래선 안 돼. 모든 내용은 객관적이어야 하며 애매모호함이 없어야 해. 명쾌하게 설명해야 하고, 다양한 표현 방법을 활용해 쉽게 이해하도록 설명해야 해. 이처럼 명쾌하고 정확하게 표현하는 것이 설명문을 쓰는 세 번째 원칙이야.

가령 이 학생은 '수호 동물'의 뜻(정의)과 종류(분류)에 많이 치중했어. 각 수호 동물에 대한 전설을 언급하기도 했지. 하지만 정의와 분류 체계가 모호하고, 전설은 뜬금없이 튀어나왔어. 그러다 보니 뒤죽박죽이 돼서 글에 체계가 없는 것처럼 느껴지지. 설명문에서 이런 실수는 치명적이야.

앞에서 설명문이나 논설문을 작성할 때 필요하다는 표현 기법을 배웠어. 기억하지? 정의, 대조, 분류, 분석, 인용, 예시 등이 그거야. 정확하게 설명문을 작성하려면 이 표현 기법을 골고루 써야 해.

이제 이 학생의 글을 고쳐 볼 순서야. 지금 내가 고치는 게 정답은 아니야. 다른 식으로 고쳐도 무방해. 내가 글을 고치는 것은 '설명문 작성의 원칙을 적용하면 이렇게 문장이 바뀔 수도 있다'는 점을 보여주기 위해서라는 걸 알아 두렴.

〈제목 : 사람을 지키는 전설 속의 수호 동물〉

실제로 존재하지 않지만 상상 속에서 사람을 지켜 주는 신령한 동물을 수호 동물이라고 한다. 수호 동물 전설은 고대 중국에서 시작됐으며 우리나라에도 전파돼 민중 사이에 친숙하게 자리 잡았다. 이런 동물 중 일부는 신으로 추앙받기도 하며 무속 신앙의 숭배 대상이 되기도 한다. 현재 한국인의 사랑을 받는 수호 동물로는 어떤 것이 있을까?

수호 동물은 여러 기준으로 나눈다. 우선 방위에 따라 나누면 사신이 있다. 사신은 사방(동서남북)을 지키는 신이다. 청룡(동), 백호(서), 주작(남), 현무(북)가 있다. 전설에 따르면 온몸이 파란 비늘로 덮여 있는 청룡은 동쪽에서 뜨는 태양을 지킨다. 하얀 몸에 검은 줄무늬를 가진 백호는 서쪽에서 달을 지킨다. 남쪽을 지키는 주작은 붉은색 깃털을 가졌고, 불을 다스린다 해서 동양의 불사조라 불린다. 북쪽을 지키며 거북처럼 생긴 현무는 온몸이 검은색이고 몸에 뱀을 두르고 있다.

성인이 출현하거나 길조가 있을 때 나타나는 전설 속 수호 동물로는 사령(사수)이 있다. 기린, 봉황, 영귀, 용이 그것이다. 기린은 사슴같이 생긴 상상의 동물이며, 충실한 신하가 탄생할 때 나타난다고 한다. 봉황은 주작과 비슷한 불사의 새로, 온몸이 알록달록한데, 태평성대가 올 때 나타난다. 영귀는 천 년 이상을 산 거북으로, 길흉을 예지한다고 전해진다.

용은 무수히 많은 비늘과 뱀의 몸, 사슴의 뿔, 낙타의 얼굴, 토끼의 눈, 독수리의 발을 가진 신성한 동물이다.

이 밖에도 많은 사람에게 사랑을 받은 수호 동물은 적지 않다. 대표적인 것이 해태다. 해태는 이마에 큰 뿔이 나 있고, 온몸에 복슬복슬한 털이 나 있는, 사자 형상의 동물이다. 옳음과 그름을 판단하는 정의의 동물로 여겨져 왔다. 천록은 왕실과 궁궐을 수호하는 동물로, 해태와 비슷한 형상이다. 다만 해태의 털이 노란 빛깔인 반면 천록은 파란빛이 도는 비늘로 덮여 있고 털이 한 올도 없다.

수호 동물에 얽힌 전설도 많이 전해지고 있다. 해태가 해와 달을 지켜낸 이야기, 쇠를 먹는 불가사리 이야기 등 많은 전설이 사람들 입에 오르내린다. 어떤 전설은 만화, 동화, 소설, 영화로 만들어지기도 했다. 주작, 현무, 백호, 청룡이 등장하는 다음 이야기도 많이 알려진 전설 중 하나이다.

어둠의 왕국에 살던 한 삽살개가 빛을 찾아 떠났다. 삽살개는 현무를 만나 가장 강한 빛을 내는 곳을 물었다. 현무는 해와 달, 마음속에 있는 빛이라고 답했다.

삽살개는 먼저 해를 찾아 동쪽으로 떠났다. 동쪽의 수호자 청룡과 싸워 이겼지만 해가 뜨거워 가져갈 수 없었다. 결국 해를 포기하고 서쪽으로 갔다. 백호와 싸워 달을 얻었지만 이번에는 너무 차가워 가져갈 수 없었다. 만신창이가 된 삽살개는 어둠의 왕국으로 돌아와 왕 앞에서 쓰러졌다. 그러면서 강한 빛을 토해냈다. 왕과 신하들은 빛을 보고 두려움에 떨었다. 신하들은 왕에게 삽살개를 절벽 밑으로 떨어뜨려 죽여야 한다고 아뢰었다. 왕은 너무 안타까웠지만 고개를 끄덕였다.

삽살개를 절벽 밑으로 떨어뜨리자 빛이 사그라졌다. 바로 그 순간 절벽 밑으로 떨어지는 삽살개를 주작이 잡아내 살려냈다. 이후 이 삽살개는 해태라고 불리게 됐다.

지금까지 수호 동물의 뜻과 종류, 전설에 대해 살펴봤다. 여기에 등장하는 것 외에도 수많은 수호 동물이 있다. 민간에 전승되고 있는 수호 동물 이야기도 적지 않다. 하지만 많은 사람이 수호 동물 이야기를 모르는 것 같다. 우리 주변을 지켜 준다는 수호 동물에 대해 더 많은 연구가 이뤄지길 바란다. 또 이와 관련된 작품들도 많이 창작됐으면 하는 바람이다.

글이 어떻게 달라졌어? 우선 정확한 사실을 바탕으로 도입부를 다시 정리했어. '수호하다'가 무슨 뜻인지는 굳이 설명할 필요가 없을 것 같아 생략했어.

이 학생은 상상 속의 동물을 사신, 오룡, 사령, 해태, 천록 등으로 나눴어. 하지만 이렇게 분류하는 기준을 제시하지 않았어. 글쓴이가 임의로 기준을 정한 셈이지. 이처럼 기준이 없는 분류는 글의 신뢰도를 떨어뜨릴 수 있으니 되도록 삼가도록 해.

고친 글에서는 수호 동물의 분류 기준을 정했어. 첫 번째 분류 기준은 '방위'로 정했어. 그에 따라 4개의 수호 동물로 나눴고, 각각에 대해 정의를 내렸지. 사령은 길조가 있을 때 나타나는 동물이라 하여 따로 기준을 제시해 분류했어. 오룡은 용을 다시 분류한 거야. 써도 무방하지만 분량을 감안해서 여기서는 생략했어.

비교와 대조 기법을 사용해 수호 동물을 설명했어. 전설에 대해서는 따로 단락을 나눠 정리했어. 종류를 설명하는 도중에 전설까지 이야기하면 뒤죽박죽돼 버릴 수 있으니까.

전설 중 하나인 삽살개 이야기는 인용 방법으로 활용했어. 모든 전설을 쓰지 않고 이 전설만 쏙 골라 썼지. 설명문의 결론도 살짝 정리했어. 지금까지 쓴 내용을 요약하고 글쓴이의 생각과 느낌을 간단하게 적었지.

8주

설명문의 큐브
※주의
설명문에서 중요한 요소를 생각한다면 살 수 있음
크악!
낼름
크악
어흥!
으악 무서워!
셋 중 하나를 선택하라
말도 안 돼
까짓것, 칼도 있으니 해 보지 뭐.
그나마 뱀 쪽이 덜 아프겠지?
크앙ー
사악
으르렁
아니! 저 곰 꼬리가…
휙!
길다…? 가짜다!
설명문은 사실과 정보가 가장 중요하거든. 가짜는 안 돼!
힝-
곰 방 선택하기

9주
논설문 쓰기

10주완성

과 제

01 주 초반에 논설문 한 편의 주제를 정하고 관련 자료 찾기

02 논설문 한 편 쓰기. 단 서론-본론-결론의 구성 갖추기

03 긴 문장을 짧게 나누고 접속사 줄이기

04 가능한 부분을 찾아 비유법을 두 종류 이상 시도하기

05 서사 위주의 짧은 글 한 편 쓰기 (일기, 감상문, 기행문 등 장르 불문)

9주에 도전할 작품은 논설문이야. 논설문 또한 '형식'이 중요한 글이야. 아울러 '주장'도 중요하지. 그러니 이번에도 사전 준비가 꽤 필요해. 대체로 8주 과제와 같아. 다만 〈과제 05〉를 살짝 바꿨어. 지난주에는 묘사를 연습했으니 이번 주에는 서사를 연습하도록 해.

9주 과제를 이행하기 전에 논설문에 대해 간단하게 살펴볼까? 논설문은 자신의 의견이나 주장을 펼친 글이야. 독자를 설득하는 것이 목표지. 주변에서 논설문은 쉽게 볼 수 있어. 가장 대표적인 것이 신문 사설이야. 사설은 특정 사안에 대한 신문사의 주장을 단도직입적으로 적은 글이야. 사설 말고도 정치적 사건에 대해 여러 단체가 발표하는 성명서도 논설문으로 볼 수 있어. 그 성명서에 단체의 주장이 들어 있기 때문이야. 그 밖에 또 어떤 글이 논설문일까?

사실 우리는 매일 '논설'을 하고 있어. 어떤 현상을 '판단하는 행위'가 바로 논설이거든. 어떤 사안에 대해 찬성이냐 반대냐, 혹은 찬성도 반대도 아닌 제3의 입장이냐를 가지고 있다면 그 자체가 '판단하는 행위'가 돼. 다만 그것을 글로 쓰지 않고 있을 뿐이지. 여러분의 생각과 주장을 글로 정리해. 그러면 그게 논설문이 되는 거야.

예를 들어, 청소년들이 학교에 휴대폰을 들고 오는 것을 찬성하니? 그렇다면 그 찬성 의견을 글로 써. 반대한다고? 반대하는 의견을 글로 써. 이 모든 글이 논설문이 되니까.

이제 논설문에 대한 거부감이나 두려움이 조금은 사라졌지? 그렇다면 지금부터 논설문을 잘 쓰기 위한 원칙을 알아보자.

주장은 강하게 하라

논설문은 주장이 담긴 글이야. 그러니 글쓴이의 주장이 빠진다면 알맹이가 없는 글이 돼 버리지. 반드시 주장을 담아야 해. 그것도 아주 강력하게 주장해야 해. 이것이 논설문을 쓸 때 염두에 둬야 할 첫 번째 원칙이야. 다만 주장을 피력하는 데도 원칙이 있다는 점을 알아둬야 해. 우선 애매모호한 주장은 안 돼. 똑 부러지게 자신의 주장을 펼치도록 해.

둘째, 합리적인 주장이어야 해. 도덕에 어긋나거나 사회 가치에 반하는 주장은 궤변일 뿐이지.

셋째, 주장은 글의 처음부터 끝까지 일관돼야 해. 앞부분에서 강조했던 주장이 뒤로 가면서 슬쩍 사라지거나 정반대의 주장으로 변해 버리면 안 돼.

넷째, 여러 주장이 있으면 가장 중요한 '핵심 주장'을 위주로 써.

다섯째, 감정은 절제해야 해. 내 주장을 강조하기 위해 반대 논리를 원색적으로 비난하는 것은 옳지 않아.

이제 주장을 제대로 펴는 법을 실제 사례를 통해 배워 볼까? 다음 예문은 실제로 학생이 쓴 건 아니야. 주장을 제대로 펴는 게 어떤 글인지를 쉽게 이해하도록 내가 만든 거야. 초중고교생이 학교에서 휴대폰을 사용해도 좋은가에 대한 논설문인데, 지금 이 글은 제대로 주장을 펴고 있을까?

학교는 학생들이 공부하는 곳이다. 그런 학교에서 휴대폰을 사용한다면 문제라고 생각한다. 가끔 사용하는 것이라면 모를까, 휴대폰이 울리면 수업을 제대로 할 수 없다. 만약 수업 시간에 휴대폰이 울린다면 휴대폰을 부수고, 그 학생을 퇴학 조치시켜야 한다.

학생이 휴대폰을 가지고 있을 때 선생님이 빼앗아서는 안 된다고 생각한다. 그런 행동은 학생의 인격을 침해하는 것이기 때문이다. 빼앗아야 한다고 주장하는 사람들은 세상 돌아가는 이치도 모르는 바보들이다. 제대로 판단하지 못하는 그런 주장은 들을 가치도 없다.

결론적으로, 휴대폰은 필요하지만 잘 조절해서 써야 한다. 그래야 휴대폰 중독에 걸리지 않고 건강하게 성장할 수 있다. 그렇게 하면 굳이 학교에 휴대폰을 가지고 갈 이유가 없고, 학교에서 휴대폰을 사용하지 않아도 된다.

어떤 것 같아? 글쓴이가 자신의 주장을 제대로 펴고 있어? 글쎄,

내가 보기에는 전혀 그러지 못해.

　우선 글쓴이의 핵심 주장이 뭔지 모르겠어. 처음에는 휴대폰을 학교에서 사용해선 안 된다고 주장했는데, 바로 다음 문장에서는 가끔 사용하는 것은 괜찮다고 했어. '애매하게 주장하지 않기'를 어긴 거지. 그러다가 휴대폰을 잘 조절해서 쓰자며 지금까지 없던 내용을 집어넣었어.

　게다가 결론은 '학교에서 휴대폰을 사용하지 않아도 된다'야. 오락가락했지? '일관된 주장하기'를 지키지 않은 거야. 글쓴이의 핵심 주장이 도대체 뭔지를 모르겠어. 핸드폰을 학교에서 사용해도 된다는 건지, 사용하면 안 된다는 건지. 결국 글쓴이는 '핵심 주장 위주로 쓰기'도 지키지 못했어.

　수업 시간에 휴대폰이 울린다고 해서 그 휴대폰을 박살 내고 학생을 퇴학 조치한다는 것은 사회의 통념에 어긋나. 합리적이지도 않고, 논리적이지도 않아. 지나치게 과격한 주장이라서 설득력이 없어. '합리적으로 주장하기'를 염두에 두지 못한 것 같지?

　글쓴이는 또 자신과 생각이 다른 사람에 대해 세상 이치도 모르는 바보라거나 그들의 주장을 들을 가치도 없다고 말했어. 상당히 감정적이야. 내 생각과 다르다고 해서 이렇게 인격 모독했다가는 큰일나. '감정 절제하기'를 어겼네?

　주장을 제대로 하기 위한 원칙 다섯 가지를 모두 지킨다면 이 글은 어떻게 변할까? 글쓴이의 주장이 '휴대폰을 학교에서 사용해선 안 된다!'라고 가정할게. 글이 어떻게 바뀌었는지 잘 살펴봐.

학교는 학생들이 공부하는 곳이다. 그런 학교에서 휴대폰을 사용하는 것은 옳지 않다. 가끔 사용하는 것도 안 된다. 휴대폰이 울리면 수업을 제대로 할 수 없다. 만약 수업 시간에 휴대폰이 울린다면 휴대폰을 압수하고, 그 학생에 대해서는 주의 조치를 줘야 한다. 이런 일이 반복될 경우에는 더 강력한 조치가 필요하다.

그렇다고 하더라도 학생이 휴대폰을 가지고 있는 것까지 금지하는 것은 인격침해의 소지가 있다. 어떤 사람들은 원활한 수업을 위해 선생님이 휴대폰을 빼앗아야 한다고 주장한다. 하지만 학생도 인격이 있기에 존중해야 한다. 물론 학생이 휴대폰을 소지함으로써 여러 문제가 발생한다면 휴대폰을 일시적으로 압수할 필요는 있다.

결론적으로, 어떤 경우에도 휴대폰이 학교 수업에 방해된다면 금지하는 게 옳다. 이와 더불어 학생들이 휴대폰을 잘 조절해 사용할 수 있도록 지속적인 교육이 필요하다. 그래야 휴대폰 중독에 걸리지 않고 건강하게 성장할 수 있다.

주장의 근거를 명확하게 제시하라

이 글에서는 글쓴이의 주장이 선명하게 드러나 있어. 글쓴이는 처음부터 끝까지 핵심 주장을 강조했어. 반대 주장에 대해서도 합리적인 수준에서 반론을 폈지. 더불어 휴대폰 사용을 조절해야 한다는 의견도 제시했어.

자, 싸움이 벌어졌다고 가정해 봐. 싸움판에서는 목소리가 큰 사람이 이긴다는 우스갯소리가 있어. 실제로 그렇지는 않을 거야. 그래도 주장을 강하게 펴는 사람이 아무래도 유리하겠지. 논설문에서도 그럴까? 주장을 잘 펴기만 하면 될까?

아니야. 사람들을 설득하려면 그 주장을 뒷받침하는 근거를 반드시 제시해야 해. 그래야 독자들이 고개를 끄덕이며 '아, 그럴 수 있겠구나' 하고 생각하겠지. 논설문을 잘 쓰려면 지켜야 할 두 번째 원칙이 바로 이거야. 주장의 근거를 제시하라!

앞에서 예시로 들었던 글을 다시 인용해 볼게. 글쓴이는 '학교에서 휴대폰을 사용하는 것은 옳지 않다'는 주장을 펴고 있어. 그런데 글을 읽다 보면 이런 생각을 할 수도 있어.

'왜 학교에서 휴대폰을 사용하면 안 되지?'

물론 앞의 글에서도 휴대폰을 사용하면 안 되는 근거를 밝히긴 했어. '휴대폰이 울리면 수업을 제대로 할 수 없다'가 바로 그거지. 하지만 이 정도는 누구나 아는 내용이야. 좀 더 구체적이면서도 논리적인 근거가 필요해. 주장의 근거를 넣어 다음과 같이 고쳐 봤어.

학교에서 휴대폰을 사용하는 것은 여러 이유에서 옳지 않다. 무엇보다 휴대폰의 벨 소리나 통화 소리 등 소음이 수업과 학습을 방해한다. 한 여론조사에서는 선생님의 68%가 휴대폰 때문에 수업이 방해된 경험이 있다고 응답했다. 또 다른 조사에서는 청소년의 80%가 휴대폰 때문에 학업 성적이 떨어진 것으로 나타났다.

휴대폰 소지를 금지했더니 성적이 올랐다는 해외 연구결과도 있다. 영국에서 31만 명의 학생을 대상으로 진행된 실험결과 교내에서 휴대폰을 끄거나 아예 소지하지 못하게 한 학교가 휴대폰을 허용한 학교보다 성적이 좋은 학생 비율이 상승했다.

교내 휴대폰 사용을 금지해야 하는 이유는 또 있다. 학교에서까지 휴대폰을 사용하면 청소년들의 휴대폰 중독이 더 심해질 수 있다는 것이다. 현재 국내 청소년의 휴대폰(스마트폰) 중독 비율은 26% 정도다. 휴대폰을 자주 사용할 경우 두통, 시력 저하, 암 등 여러 부작용이 발생할 수 있다.

휴대폰은 대부분 고가 제품이다. 이 때문에 학교에서 휴대폰 분실이나 도난 사고도 종종 발생한다. 이를 막기 위해서라도 학교에서의 휴대폰 소지는 금지하는 게 옳다.

상황이 이런데도 휴대폰 소지를 금지하는 게 학생의 인권을 침해하는 것이라고 주장하는 사람들이 있다. 물론 보는 시각에 따라 그렇게 주장할 수도 있다. 하지만 학교는 공동체다. 한두 사람의 편의를 위해 나머지 학생들을 희생시키는 것은 옳지 않다. 소수의 인권을 주장하기 전에 다수를 위한 민주주의 원칙을 먼저 떠올려야 한다. 이 모든 점을 감안했을 때 휴대폰의 교내 소지는 금지하는 게 타당하다.

휴대폰을 학교에 가지고 와서는 안 된다는 주장의 근거를 조목조목 대고 있어. 밑줄 친 부분이 바로 그거야. 국내 통계는 물론 외국의 연구 사례까지 찾아 인용했지. 또한 반대 의견에 대한 반박도 잊지 않았어.

이처럼 논설문에는 반드시 주장에 대한 근거가 필요해. 그 근거는 누구나 납득할 수 있도록 합리적이어야 해. 공신력 있는 데이터를 제시하는 것도 그 때문이야. 만약 이런 근거도 없이 주장을 편다면 독자는 글쓴이가 억지를 부리고 있다고 생각할 거야.

강력한 주장과 그 주장을 뒷받침하는 타당하고 합리적인 근거. 이 두 가지만 갖추면 논설문의 기본 요소는 모두 갖췄다고 할 수 있어. 보통 논설문에서는 주장을 '논제'라고 하고, 근거를 '논거'라고 해. 논제와 논거를 갖췄으니 논설문의 모양새를 갖춘 셈이지.

주장을 펼 때와 마찬가지로 논거를 댈 때도 감정을 드러내선 안 돼. 나와 주장이 다른 사람들을 인격적으로 비하하는 발언을 해서도 안 돼. 논거를 댈 때도 늘 절제해야 한다는 점, 잊지 마.

서론-본론-결론의 삼단 구성을 갖춰라

이솝 우화 〈여우와 두루미〉에서 부리가 긴 두루미는 목이 긴 병에 음식을 넣어 식사를 해. 여우는 그 호리병의 음식을 먹을 수 없었지. 여우는 납작한 접시에 놓인 음식을 먹어. 그러나 두루미는 긴 부리 때문에 이 음식을 먹을 수 없었어.

아무리 맘에 드는 옷이라 해도 몸보다 지나치게 크거나 작으면 입을 수 없어. 어른이 아동복을 입을 수는 없으며 남자가 치마를 입을 수도 없지. 공식 비즈니스 석상에 반바지 차림에 샌들을 신고 갈 수는 없어.

어떤 그릇에 담느냐에 따라 맛있는 음식이냐 그림의 떡이 되느냐가 결정돼. 몸에 맞고 격식에 맞는 옷이 가장 좋은 옷이지. 글도 마찬가지야. 글의 종류에 따라 어울리는 그릇이 따로 있고, 몸에 맞는 옷도 따로 있어.

논설문을 쓸 때도 가장 적합한 그릇과 옷이 있어. 바로 서론-본론-결론의 삼단 구성이지. 주장을 논리정연하게 펴고, 그 근거를 합리적으로 댔다고? 그래도 이 삼단 구성을 갖추지 않으면 어딘가 모자란 것 같은 느낌이 들어. 논설문의 세 번째 원칙이 바로 이거야. 서론과 본론, 결론의 삼단 구성으로 글을 쓰는 거야.

서론은 글의 머리를 차지하는 것으로, 주장의 내용을 밝히는 부분이야. 왜 이런 주장을 하게 됐는지 배경 설명도 곁들이면 좋지. 서론에서 이어지는 게 본론이야. 주장의 근거, 즉 논거를 밝히는 부분이바로 본론이지. 본론 다음에는 결론을 쓸 차례야. 결론은 서론과 본론의 내용을 요약하며 해결 방법을 제시하는 부분이지.

서론-본론-결론을 한곳에 모으면 한 편의 논설문이 완성돼. 앞 논설문의 제목은 '휴대폰 교내 소지를 금지해야 한다', '휴대폰 교내 소지를 금지해야 하는 이유' 정도가 될 거야. 앞에 나온 글을 서론-본론-결론으로 나눠 봤어.

요즘은 거의 모든 학생이 휴대폰을 가지고 있다. 학교에까지 휴대폰을 들고 온다. 이에 따라 학생들이 휴대폰을 학교에서 사용하는 게 옳은지에 대해 논란이 일고 있다. 나는 학교에서 휴대폰을 사용하는 것은 옳지 않다고 생각한다.

→ 서론이다. 최근 대부분 청소년이 휴대폰을 가지고 있고, 그것을 학교에 까지 들고 오면서 논란이 일고 있다며 논설문을 쓰게 된 이유와 배경을 밝혔다. 이어 자신의 주장을 명확하게 밝혔다.

첫째, 휴대폰의 벨 소리나 통화 소리 등 소음은 학교 수업과 학생들의 학습을 방해한다. 한 여론조사에서는 선생님의 68%가 휴대폰 때문에 수업이 방해된 경험이 있다고 응답했다. 또 다른 조사에서는 청소년의 80%가 휴대폰 때문에 학업 성적이 떨어진 것으로 나타났다.

둘째, 학교에서까지 휴대폰을 사용하면 청소년들의 휴대폰 중독이 더 심해질 수 있다. 국내 청소년의 휴대폰 중독 비율은 26% 정도다.

셋째, 고가 제품인 휴대폰을 학교에 가져 왔다가 분실되거나 도난 사고가 발생하면 학내 문제로 커질 우려도 있다. 애초에 학교에서 휴대폰 소지를 금지하면 이런 사고는 막을 수 있다.

휴대폰 소지를 금지하면 학업 분위기가 개선돼 학생들의 성적이 좋아질 수도 있다. 이를 입증하는 외국의 연구결과도 있다. 영국에서 31만 명의 학생을 대상으로 진행된 실험결과 교내에서 휴대폰을 끄거나 아예 소지하지 못하게 한 학교가 휴대폰을 허용한 학교보다 성적이 좋은 학생 비율이 상승했다.

휴대폰 소지를 금지하는 것이 학생 인권을 침해한다는 주장도 있다. 하지만 한두 사람의 편의를 위해 나머지 학생들의 학습에 차질을 주는 것은 옳지 않다. 민주주의에서는 소수의 이익도 보호해야 하지만 그보다는 다수의 행복을 추구해야 한다.

→ 본론이다. 휴대폰의 교내 소지를 금지해야 한다는 주장의 논거로 세 가지를 제시했다. 휴대폰 소음이 학습 분위기를 해치고, 학교에서마저 휴대폰 사용을 허용하면 휴대폰 중독이 더 심해질 우려가 있으며, 분실과 도난 사고로 인해 학내 문제로 커질 수도 있다는 점이다. 휴대폰을 금지했을 때 얻는 이익도 논거로 활용했다. 반대 의견에 대해서도 반박하는 논거를 제시하는 등 균형을 맞췄다.

결론적으로, 휴대폰의 교내 사용을 허용하면 이처럼 여러 부작용이 발생하기에 전면 금지하는 게 가장 좋은 방법이다. 하지만 현재도 이를 허용하고 있는 학교들이 적지 않다. 이런 학교에 대해서는 교육 당국이나 학부모 단체가 부작용을 적극적으로 알리고 점차 금지토록 권해야 한다. 이 조치를 따르려 하지 않는 학생에 대해서는 설득과 제재를 병행해야 한다.

→ 결론이다. 휴대폰을 학교에서 사용하지 못하게 하자고 다시 밝혔다. 이어 학교들에 부작용을 알리고 점차 금지토록 해야 하며, 조치를 어기는 학생에 대해서는 설득과 제재를 병행하자는 해결 방법을 제안했다.

한 편의 논설문이 완성됐어. 핵심 주장은 처음부터 끝까지 일관성을 유지하고 있고, 논거도 충실하게 전달하고 있어. 반대 주장을 하는 사람들을 비하하지도 않았고, 감정적인 단어도 쓰지 않았으니 충분히 절제한 글이지. 또한 서론-본론-결론의 삼단 구성을 완벽하게 구현했으니 좋은 논설문이라고 볼 수 있어.

마지막으로 논술고사에 대해서도 간략히 알아볼게.

논술고사는 대학입학시험 중 일부야. 논설문처럼 자신의 주장을 써내면 되지. 하지만 논술은 보통의 논설문과 조금 달라. 대학교에 따라, 출제 유형에 따라 문제 유형도 조금씩 달라져.

갈수록 논술 문제가 어려워지고 있어. 대학생도 이해하기 힘든, 혹은 배우지 않은 인문과학 개념을 논하라는 문제가 나오기도 해. 일부 입시 전문가들은 "학생을 선발하기 위해서가 아니라 떨어뜨리기 위해 논술고사를 본다"고 말할 정도야.

이런 논술 문제는 평소에 책을 많이 읽고, 글을 많이 써 보는 것 외에는 비법이 없어. 다만 '독해형 논술'의 경우에는 알아 두면 좋은 요령들이 있지. 이런 논술 시험은 말 그대로 수험생이 얼마나 '독해'를 제대로 하고 있는지, 그 독해를 바탕으로 주장을 제대로 펴는지를 평가하기 위한 거야.

이런 논술고사에서 가장 중요한 것은 '주장 펴기'가 아니야. 그보다는 '독해'가 더 중요해.

독해의 첫 번째 관문은 '문제를 해석하기'야. 혹시 대입 논술고사 문제를 본 적이 있어? 그렇다면 어떤 공식 같은 것을 발견할지도 몰라.

① 제시문 (가)에 나타난 상황의 원인을 제시문 (나)에서 찾아 500자 이내로 분석하시오.

이 문제를 풀려면 무엇보다 제시문을 충분히 이해해야 해. 제시문을 충분히 이해했다고 해서 이 문제를 완벽하게 풀 수 있는 것은 아니야. 그래도 나름대로는 좋은 글을 썼다고 생각했는데 점수가 낮다면 그 원인은 '문제 해석하기'에 실패했기 때문일 확률이 커.

①번 문제를 '해석'해 볼까? 첫째, 제시문 (가)에 나타난 상황을 이해해야 해. 둘째, 그 원인이 뭔지 알아내야 하지. 셋째, 제시문 (나)의 내용을 이해해야 해. 넷째, 제시문 (가)에 나타난 상황의 원인과 가장 비슷한 것을 제시문 (나)에서 찾아야 해. 다섯째, 500자 이내로 글을 써야 해. 만약 이 중 하나라도 어겼다면 좋은 점수를 기대할 수 없어.

②번 문제도 해석해 볼까? 첫째, 제시문 (나)에 등장한 인물의 주장을 이해해야 해. 둘째, 그 인물의 주장이 타당한지를 가늠해야 하지. 셋째, 제시문 (가)에 등장한 역사적 인물의 태도가 어떤 건지 이해해야 해. 넷째, 제시문 (나) 인물의 주장과 제시문 (가) 역사적 인물의 태도를 비교해야 하지. 다섯째, 800자 이내로 글을 써야 해. 이 경우에도 마찬가지로 어느 하나를 어기면 좋은 점수를 받을 수 없어.

결론적으로, 논술은 논리를 따지는 시험이야. 자기 생각을 마음대로 펴는 글이 아니란 얘기지. 반드시 '주어진 조건'을 따라야 해. 좀 더 냉정하게 말하자면, 논술은 수험생의 창의적 사고를 평가하는 게 아니라, 논리적 사고를 평가하는 시험이야. 그러니 무엇보다도 문제 해석하기가 중요할 수밖에 없어.

그런데 왜 이런 시험을 보는 걸까? 글의 내용을 평가하는 게 옳지 않을까? 물론 맞는 말이야. 하지만 현실적으로 쉽지 않아. 각자 다른 생각을 가지고 있는데, 어느 글의 내용이 더 우수하다고 평가할 수 있을까? 수험생의 인생을 좌우할 수도 있는 대입시험인데 말이지.

바로 이런 점 때문에 '정량 평가'를 하는 거야. 기준을 만들어 놓고, 그 기준을 벗어나면 감점 처리를 하는 방식이지. 따라서 논술고사에서 좋은 점수를 받으려면 반드시 '문제 해석하기'에서 성공해야 해. 이 점, 꼭 기억해 둬.

10주

작품에
도전하기

10주완성

과 제

01 글의 장르와 소재, 주제, 제목 정하기. 관련 자료 찾기

02 글 작성하기. 단, 분량은 원고지 10장 내외로 할 것

03 긴 문장을 짧게 나누고 접속사 줄이기

04 비유법, 표현법을 1회 이상 넣기. 서사와 묘사를 1회 이상 넣기

05 자기소개서 써 보기 (선택사항)

드디어 마지막 주가 됐어. 그동안 충실하게 훈련했다면 여러분은 지금쯤 글쓰기를 더 이상 두려워하지 않는 수준까지 올라갔을 거야. 사람에 따라서는 이미 글쓰기의 달인에 가까울 정도로 발전했을 수도 있어.

마지막 주에는 그동안 훈련했던 모든 것을 쏟아 부어서 여러분 스스로가 '작품'을 만들어 봐. 일기든, 기행문이든, 설명문이든, 논설문이든 상관없어. 가장 마음이 내키는 글을 써 봐. 다만 주어진 과제를 최대한 이행하면서 말이야. 작품이라는 이름에 걸맞도록 분량도 넉넉히 10장 내외로 쓰도록 해.

마지막으로 자기소개서를 작성해 봐. 이것은 선택사항이야. 기왕이면 써 보는 게 좋을 거야. 나중에 입시에도 어느 정도 도움이 되니까 말이야.

건물을 지으려면 설계도가 필요해. 자동차나 컴퓨터를 만들려면 조립도가 있어야겠지. 음식을 만들려면 요리 방법을 담은 조리법이 필요할 테고, 연주를 하려면 악보가 있어야 해.

글을 쓸 때도 마찬가지야. 글을 쓰기 위한 설계도가 필요해. 설계도 없이 글을 쓰면 당초에 원했던 대로 글이 나오지 않아. 배가 산으로 가 버리는 격이지. 아무 생각 없이 쓰기만 한다면 문장이 아무리 멋들어져도 좋은 글이 될 수 없을 거야. 좋은 글을 만들기 위해 따라야 할 '절차'를 정리해 봤어.

글 설계하기

우선 뭘 만들 것인지 정해야 해. 빌딩인지, 아파트인지, 아니면 단독 주택인지 정해야 건축을 시작할 수 있잖아? 빌딩에 쓸 재료와 단독 주택에 쓸 재료가 다를 거야. 그러니 건물의 종류를 정해야 그에 맞는 재료를 구해 놓지. 마찬가지로 글을 쓸 때도 이런 과정이 필요해.

첫째, 어떤 종류의 글을 쓸 것인지를 정하도록 해. 종류가 정해져야 소재와 주제를 정하고, 그에 어울리는 구성을 짤 수가 있어. 글의 종류는 상당히 많아. 이미 한 번씩은 다 써 봤던 것만 나열해도 일기, 기행문, 감상문, 논설문(논술), 설명문 등이 있어. 이 중에서 골라봐. 어떤 글을 쓸 생각이야?

논설문이나 설명문 쪽으로 선뜻 손이 가지 않는다고? 뭐, 그럴 수도 있어. 하지만 너무 어렵게 생각하진 마. 최근의 사회 현상에 대해서 하고 싶은 말이 있다면 그걸 써 봐. 그게 바로 논설문이 될 테니까. 신문을 보거나 인터넷 검색을 통해 관련 자료를 취합한 후에, 그

걸 활용해 글을 쓰도록 해.

사실 논설문이나 설명문은 초보자에게 쉽지 않은 글이야. 논설문을 쓸 때는 주장을 체계적으로 제시해야 하고, 설명문을 쓸 때는 감정을 섣불리 드러내면 안 되지. 글의 성격상 논설문과 설명문은 조금 딱딱할 수밖에 없어.

논설문과 설명문을 쓰기가 버겁다면 일기를 골라도 돼. 평소 영화를 자주 본다면 영화 감상문을 써. 어떤 장르의 글이든 상관없어. 다만 절대 잊지 말아야 할 점이 있어. 일단 글을 쓰기 시작하면 어떤 글이든지 '반드시 완성하겠다!'는 각오로 써야 해. 지나치게 어려운 글을 선택했다가 완성하지 못할 것 같다면 일기나 독서 감상문, 영화 감상문을 추천하고 싶어.

결국 중요한 것은 '마음'이야. 여러분의 마음이 끌리는 글을 선택하면 돼. 글쓰기가 고역처럼 느껴져선 안 돼. 글쓰기는 즐거워야 하거든.

둘째, 어떤 내용을 글에 담을 것인지를 정해야 해. 소재와 주제를 결정하는 과정이지. 이에 대해서는 곧 다룰 거야. 일단 다음 과정으로 넘어갈게.

셋째, 글의 구성을 정해. 주제를 앞부분에 넣을지(두괄식), 중간 부분에 넣을지(중괄식), 뒷부분에 넣을지(미괄식) 결정하는 거야. 주제를 앞부분과 뒷부분에 모두 넣는 방식(양괄식)도 있어.

특히 설명문과 논설문일 때 구성을 잘 정해야 해. 주제가 아무 데서나 툭툭 튀어나와선 안 돼. 그러면 글의 통일성이 떨어질 수 있어.

가장 무난한 방식은 미괄식이야. 서두(서론)에서 문제를 제기하고, 중간(본론)에서 충분히 설명이나 논증을 한 후 맺음 부분(결론)에서 주제를 확실하게 드러내는 거지. 아직 설명문과 논설문 쓰기가 익숙하지 않다면 미괄식을 추천하고 싶어.

일기나 기행문, 감상문도 구성을 생각해 둬야 해. 이런 글에서는 군데군데에 느낌이나 주제 의식을 담도록 구성해야 해. 여행 일정과 여행 정보, 책 내용이나 영화 줄거리를 쭉 나열한 후 마지막에 한두 줄 감상을 적는 방식은 바람직하지 않아.

이 밖에도 글의 설계도를 작성할 때 고려해야 할 점은 많아. 이를테면 다음과 같은 것들이 있지.

① 독자의 시선을 확 끌 만한 '포인트'를 어디에 배치할까?
② 글 읽는 재미를 높이기 위해 어떤 이야기를 예로 들까?
③ 글의 신뢰도를 높이기 위해 어떤 자료를 인용할까?
④ 사진이 필요할 때는 어떤 사진을 글에 삽입할까?
⑤ 문체는 반말체로 할까, 경어체로 할까?

소재와 주제 정하기

십대 학생들만 글쓰기를 어려워하는 게 아니야. 직장에 다니는 어른들도 글쓰기를 많이 어려워한단다. 직장인을 대상으로 한 글쓰기 책이나 강좌가 많은 것도 이 때문이야. 직장생활을 하다 보면 보고서나 사업계획서를 작성해야 할 때가 많아. 그 모든 작업이 글쓰기와 연관돼 있지.

십대 시절 글을 별로 써 보지 않았으니 어른이 된 후에도 여전히 글쓰기가 어려울 수밖에 없어. 내 주변의 많은 직장인들이 이렇게 말하곤 해.

"글을 쓰려고 책상 앞에만 앉으면 머릿속이 하얘져."

여러분의 머릿속도 하얘졌어? 어떻게 글을 써야 할지 모르겠다고? 그렇다면 지금부터 그 머릿속을 하나씩 채워 보자고.

책상 앞에 앉았다면 상상을 시작해 봐. 내 주변에서 일어나고 있는 일 중에서 몇 가지를 선택해. 그게 바로 여러분이 써야 할 글의 소재야. 소재는 글의 재료지. 그러니 될 수 있는 대로 소재를 많이 찾는 게 좋을 거야. 이어서 그 소재들을 백지 위에 적어 봐. 종이 위에 몇 개의 소재가 적혀 있어? 많다고? 그럼 일단은 아주 성공이야.

학교 시험, 컴퓨터 게임, 여름방학 캠프, 섬 여행, 생일 파티, 영화 감상…

이 중에서 가장 인상적인 소재를 골라 봐. 그 소재로 글을 쓸 거니까. 여러 소재 중에 '학교 시험'을 선택했다고 가정할게. 그러면 이제부터는 학교 시험에만 집중해야 해. 특히 중요한 소재를 '중심 소재'라고 하는데, 바로 학교 시험이 중심 소재가 되는 거야. 나머지 소재는 슬쩍 지워도 괜찮아.

자, 이번엔 학교 시험과 관련된 내용을 상상해 봐. 얼마 전 시험을 잘 못 봤다고? 그럼 그것과 관련된 내용을 종이 위에 적어. 아마 다음과 같은 내용이 나오겠지.

시험 점수가 나쁘다. 영어 점수가 특히 나빴다. 공부를 많이 하지 못했다. 내가 게을렀다. 다음 시험은 잘 보도록 해야겠다. 평소 생활을 어떻게 바꿔야 할까….

중심 소재를 뒷받침하는 이런 내용으로 글을 쓰면 돼. 시험 점수가 왜 좋지 않았는지 원인을 분석하고, 앞으로의 각오를 다진다면 무난한 글이 나올 것 같아. 다음처럼 말이지.

시험을 봤다. 점수가 나쁘게 나왔다. 오늘은 시험 덕분에 일찍 학교가 끝났다. 시험을 못 봐서 기분은 좋지 않다. 내가 게을렀던 것 같다. 다음엔 더 공부를 많이 해야지. 오후에는 그동안 하지 못했던 인터넷 게임을 했다.

글이 무난해? 좀 어색한 느낌이 든다고? 뭐가 문제일까?
핵심 소재와 관련이 없는 소재가 뜬금없이 튀어나온 게 원인일 거야. 생각이 닿는 대로 무심코 글을 쓰다 보니 이런 결과가 나오지. 학교 시험이 중심 소재인데, 중심 소재와 관련이 없는 인터넷 게임 이야기로 글 맺음이 됐거든. 앞뒤가 맞지 않는 글이 돼 버린 셈이야.
글쓴이의 문제의식이 부족하면 이런 글이 종종 나온다. 이 문제

의식을 바로 주제라고 해. 주제는 글쓴이의 의도와 생각을 말하지. 다시 말해 글을 쓰는 이유가 곧 주제가 되는 거야.

빵을 만들려면 밀가루를 준비해야 해. 찹쌀떡을 빚으려면 찹쌀이 있어야겠지. 스테이크를 구우려면 소고기가 있어야 할 테고, 감자튀김을 만들려면 감자가 있어야 해. 재료에 따라 만들어지는 요리가 결정되는 거야.

밀가루로 똑같은 빵을 만든다고 해도 어떤 방식으로 굽느냐에 따라 다른 빵이 나올 거야. 스테이크도 조리 방식에 따라 완전히 다른 요리가 돼. 감자튀김도 말랑말랑하게 하느냐, 바삭하게 하느냐, 통으로 하느냐, 슬라이스로 하느냐, 스틱으로 하느냐에 따라 다른 요리가 되잖아. 결국 요리사의 의도에 따라 최종 요리가 결정되는 셈인데, 이 최종 요리가 바로 글의 주제와 비슷해.

다시 앞의 글을 봐. 시험 점수가 소재가 되지? 이 소재를 활용해 여러 주제를 만들 수 있어. 가령 '앞으론 게임 시간을 줄이고 공부 시간을 늘려야지!'라는 주제를 만들 수도 있고, '게으름 피우지 말고 공부할 때는 집중해야지!'라는 주제로 글을 끌고 갈 수도 있어. 주제는 글을 쓰는 본인이 정하는 거야. 여러분이라면 이 소재로 어떤 주제의 글을 만들 수 있겠어? 직접 해 봐.

아 참, 소재를 먼저 정하든, 주제를 먼저 정하든 꼭 지켜야 할 원칙이 있어. 소재와 주제를 혼동해서는 안 된다는 거야. 소재와 주제가 뒤범벅이 되면 글이 이상해진단다. 도무지 무슨 말을 하는지 이해가 안 갈 때도 있어.

절제된 상상력으로 글쓰기

소재가 같다고 하더라도 성격이나 취향에 따라 글은 달라져. 예술적 취향이 강하다면 감수성이 풍부한 글을 쓰겠지. 과학과 수학을 좋아하는 사람의 글은 논리적일 확률이 높아. 어느 쪽이든, 글을 잘 쓰려면 꼭 갖춰야 할 요소가 있어. 바로 상상력이야.

다만 상상과 환상, 상상과 착각을 혼동해서는 안 돼. 자기만의 착각과 환상을 '그럴듯한 상상'이라고 주장하면서 자기만 이해할 수 있는 글을 쓰는 건 옳지 않아. 이런 글은 편견이 짙은 고집스럽고 독선적인 글이 되지. 이런 학생이 의외로 많단다.

이렇게 착각과 환상, 자기 취향이 지나치게 강한 글을 다른 독자들이 흥미를 가지고 볼까? 천만의 말씀이야. 예를 들어 볼까? 다음은 2015년 초반에 큰 인기를 끌었던 할리우드 영화 〈인터스텔라〉를 보고 난 후 쓴 감상문이야.

① 주인공이 5차원 공간을 넘나드는 설정이 멋있었다. 우주로 간 주인공은 시간과 공간의 벽을 넘어 딸의 어렸을 때 방으로 갔다. 방의 벽을 두드리면서 메시지를 보냈다. 주인공이 시간과 공간을 자유롭게 넘나들다 보니 그사이에 딸이 더 늙어 버렸다. 영화감독의 이런 상상력은 정말로 극찬을 받을 만하다고 생각한다.

나는 이 우주에 5차원이 아니라 6차원, 7차원도 있을 거라고 생각한다. 6차원에서는 다른 사람의 마음까지 읽을 수 있을 것이다. 과거로 거슬러 올라가 이미 죽은 옛날 사람들을 만나고, 그 사람들을 다시 살려내는 것도 가능해질 것이다. 물론 미래로 가는 것은 식은 죽 먹기일 것이다.

이런 상상은 환상이 아니다. 지금도 지구 어딘가에서 이 연구가 진행 중이라고 나는 확신한다. 단지 비밀리에 진행 중이라서 우리가 모르고 있는 것이다.

→ **예술적 취향이 강한 학생의 감상문이다. 자신의 환상을 과학적 사실인 양 표현하고 있다.**

② 우주로 간 주인공은 시간과 공간의 벽을 넘어 딸의 어렸을 때 방으로 갔다. 방의 벽을 두드리면서 메시지를 보냈다. 과거-현재-미래라는 시간과 우주-지구라는 공간을 마음대로 넘나든 것이다. 5차원을 설정한 것인데, 실제로 이게 가능한 이야기겠는가. 4차원도 제대로 입증하지 못하는 과학 수준에 5차원을 넣는 것은 허무맹랑한 판타지일 뿐이라고 나는 생각한다.

이 영화는 오류투성이다. 블랙홀은 모든 것을 빨아들이고, 일단 안으로 들어간 것은 모두 파괴된다. 그런데 주인공이 탄 우주선은 멀쩡히 블랙홀을 통과한다. 불가능한 일이 아닌가. 이것뿐만이 아니다. 아주 멀리 떨어진 우주에서 지구와 문자 교신을 한다는 것도 엉터리 과학이다.

물론 영화는 영화일 뿐 현실이 아니라고 말할 수 있지만, 이런 비과학적 요소가 많은 영화가 인기를 얻는다는 게 난 이해가 가지 않는다. 이

→ 과학적 사고를 하는 학생의 감상문이다. 영화의 비과학적 요소들을 비판하는 데 집중했다.

이 두 학생의 감상문은 달라도 너무 달라. 결과적으로 보자면 두 글 모두 편협한 감상문이 돼 버렸어.

예술 취향이 강하다면 과학 영역을 이해하려고 해야 하고, 과학 취향이 강하다면 영화 속 상상의 세계를 더 적극적으로 보려고 노력해야 해. 나의 관심사가 아닌 영역에 대해서도 충분히 인정하고 받아들여야 해. 이런 상상이 바로 '절제된 상상'이지. 좋은 글을 만들려면 꼭 필요한 덕목이야.

절제된 상상을 달리 말하자면, 자신의 관심 분야만 지나치게 부각하지 말라는 뜻이야. 또는 얕은 지식이나 얄팍한 감성으로 전체를 바라보려 하지 말라는 뜻이기도 하지. 책의 저자, 혹은 영화의 감독이 의도하는 게 무엇인지부터 이해하려고 노력해야 해.

제대로 글 맺음하기

이제 결말을 쓰는 단계야. 의외로 많은 학생이 글을 쓰다가 끝을 제대로 맺지 못한단다. 미리 소재와 주제의 관계를 잘 정리하고, 계획대로 글을 써 나갔는데도 맺음 부분에 이르면 허둥지둥해. 왜 그럴까?

어떤 글이냐에 따라 원인은 달라. 글을 쓰다 보니 처음에 의도했던 것과 다른 방향으로 글이 전개되기 때문일 수도 있어. 일기처럼 일상적인 생활 작문은 생각이 너무 많아서일 가능성이 크지. 앞의 일기를 예로 들어 볼까? 뒷부분을 주목하도록 해.

시험을 봤다. 점수가 나쁘게 나왔다. 오늘은 시험 덕분에 일찍 학교가 끝났다. 시험을 못 봐서 기분은 좋지 않다. 그동안 하지 못했던 게임을 했다. 내가 게을렀던 것 같다. 다음엔 더 공부를 많이 해야지. 오늘 게임을 많이 해서 좋았다. 게임을 마음껏 했으면 좋겠다.

이 글에서는 결말 부분을 찾을 수 없어. 다음에 더 공부를 많이 하겠다는 건지, 게임을 마음껏 했으면 좋겠다는 건지 도통 알 수가 없어. 이 글을 쓴 학생은 시험 점수가 나쁘게 나온 점과 게임을 많이 한 점, 두 가지를 모두 일기에 넣으려 했어. 중심 소재가 모호하지.

결말이 모호한 글은 어떻게 수정해야 할까? 무엇보다 생각을 확실히 정리해야 해. 이것도 쓰고 싶고, 저것도 쓰고 싶다면 맺음을 할 수 없어. 글만 길어지지. 이야기가 다른 데로 새지 않도록 신경을 쓴다면 결말 맺기가 자연스러워질 거야.

십대 학생들이 결말 맺기에 특히 어려워하는 분야는 논설문이야. 논설문은 일반적으로 서론-본론-결론 순으로 구성돼. 그런데 십대 학생들의 글을 보면, 많은 글이 서론 부분에 이미 결론이 언급돼 있어.

좋은 레스토랑에서 고급 코스 요리를 주문했다고 가정해 봐. 맨 처음에는 입맛을 돋우기 위한 전채 요리(애피타이저)가 나와. 그다음엔 메인 요리가 나오고, 모든 식사가 끝나면 후식(디저트)이 나오지. 그런데 전채 요리를 먹을 순서에 후식을 먹어 버리면? 그 고급 요리를 제대로 즐기지 못하는 거야.

글도 마찬가지야. 일단 글쓰기를 시작한 이상 코스를 제대로 밟아야 해. 이야기가 산으로 가지 않도록 주의하고, 마지막의 결론 부분을 미리 쓰지 않도록 신경을 써야 하지. 결말 부분까지 다 읽고 나서야 "아, 이 글의 결말이 이것이구나!"라고 탄성을 지를 수 있도록 해야 해. 앞의 일기를 사례로, 제대로 끝을 맺어 볼까?

시험 결과가 나왔다. 어느 정도 예상은 했지만 점수가 나쁘게 나와서 기분이 좋지 않다. 내가 게을렀던 것 같다. 다음엔 미리 시험공부를 충실하게 해야겠다.
시험 결과가 좋지는 않았지만, 그래도 시험을 끝내고 나니 홀가분하다. 그동안 하지 못했던 컴퓨터 게임도 오늘은 실컷 했다.
게임은 하면 할수록 더 하고 싶어진다. 공부도 하면 할수록 더 하고 싶어지면 얼마나 좋을까? 게임하듯이 공부를 하는 방법은 없을까? 그런 방법이 있나 찾아봐야겠다.

다소 황당한 결론이라고? 결말 부분이 꼭 도덕적일 필요는 없어. 시험을 못 봤으니 더 열심히 공부해서 다음엔 시험을 잘 치르겠다는 결론은 너무 상투적이야. 모범답안 같은 글은 읽는 사람에게 감동을 주지 못해. 글쓴이의 진심이 담겨 있지 않으니까.

이 점은 꼭 명심해야 해. 주제가 반드시 도덕적일 필요는 없어. (이 점은 특히 부모님이 아셔야 합니다.) 오히려 도덕적인 글, 모범답안의 냄새가 나는 글을 강제로 쓰다 보면 글쓰기에 흥미를 잃어버릴 수 있어. 스스로가 생각하는 걸 제대로 표현하고, 멋있게 구현하는 게 올바른 글쓰기야.

앞에서 말했지만, 같은 소재라도 주제를 어떻게 정하느냐에 따라 글이 확 달라져. 글쓴이는 자신의 의도(주제)에 따라 소재를 요리조리 가공할 수 있어. 그에 따라 결말 부분도 당연히 달라지겠지. 다음 일기를 먼저 봐.

오늘 학교에서 알뜰 바자회가 열렸다. 총 9,300원을 썼는데 과자가 4,800원, 즉석 간식이 2,500원을 차지했다. 먹을 것 외의 물건에는 1,000원도 쓰지 않았다.

순서를 정해 낮은 학년부터 바자회에 갔다. 물총과 장난감 같은 것은 적었고, 간식과 학용품이 많은 것 같았다.

몇몇 동생이 있는 친구들은 동생에게, 몇몇 친구들은 엄마 아빠께 드릴 선물을 샀다. 운이 좋지 않아서 나는 남아 있는 것 중 100원, 300원짜리밖에 사지 못했다. 친구 한 명은 독일제 그릇을 샀는데 말이다.

이번 해가 마지막 바자회다. 1년에 한 번밖에 없는 바자회인데, 다양한 물건을 사지 못해 아쉽다.

이 일기는 초등학교 6학년 학생이 학교에서 열린 바자회를 즐긴 후에 쓴 거야. 이 학생이 일기를 통해 하고 싶은 말이 뭐였을까? 이 일기대로라면 '다양한 물건을 사지 못해 아쉽다' 정도일 거야.

내가 이 학생에게 여러 관점으로 생각하기를 가르쳤어. 좀 더 다양한 각도로 상상해 보고 자신이 원하는 것에 따라 글도 새로 써 보라고 했지. 그 결과 다음처럼 바뀌었어.

① 오늘 학교에서 알뜰 바자회가 열렸다. 총 9,300원을 썼다. 과자 사 먹는 데 4,800원, 떡볶이와 오뎅 같은 즉석 간식을 사 먹는 데 2,500원이 들었다.

사실 먹을 것 외에는 살 물건이 별로 없었다. 물총과 장난감 같은 것도 적었다. 뿐만 아니라 순서를 정해 낮은 학년부터 바자회에 갔기 때문에 6학년이 갔을 때는 더욱더 물건이 없는 것 같았다.

동생이 있는 친구들은 동생에게 줄 선물을 샀다. 엄마 아빠께 드릴 선물을 사는 친구도 있었다. 나도 그러고 싶었지만 물건이 없어 100원짜리 몇 개, 300원짜리 몇 개밖에 사지 못했다. 친구 한 명은 운이 좋아서 독일제 그릇을 샀는데 말이다.

바자회에 다양한 물건이 나왔으면 좋겠다. 하지만 바자회가 1년에 한 번밖에 없으니 이번 해가 마지막 바자회다. 많이 아쉽다.

② 오늘 학교에서 알뜰 바자회가 열렸다. 총 9,300원을 썼다. 과자 사 먹는 데 4,800원, 떡볶이 같은 즉석 간식을 사 먹는 데 2,500원이 들

었다. 그 외에 작은 장난감 몇 개를 100원, 300원 주고 샀다.

학년이 낮은 순서대로 바자회가 열리는 운동장에 갔다. 나와 친구들은 6학년 순서가 오기를 손꼽아 기다렸다. 마침내 우리 순서가 되자 운동장으로 뛰어나갔다. 동생이 있는 친구들은 동생에게 줄 선물을 샀다. 엄마 아빠께 드릴 선물을 사는 친구도 있었다. 친구 한 명은 엄마 준다며 독일제 그릇을 샀다.

친구들과 함께 여기저기를 기웃거리다가 군것질을 하는 게 가장 기억에 남는다. 안타깝게도 지금 친구들과는 이번 바자회가 마지막 추억이 된다. 1년에 한 번밖에 열리지 않으니까 이번이 마지막 바자회이기 때문이다. 친구들이랑 중학교 가서도 친하게 지냈으면 좋겠다.

똑같은 소재인데 글은 많이 다르지? ①번 글은 '바자회 상품이 너무 적어. 다양한 상품을 내놓아야 하지 않나?' 정도가 주제가 될 거야. 반면 ②번 글은 '초등학교 마지막 바자회라니…. 안타깝지만 추억을 잊지 말아야겠어'가 주제가 되겠지.

글 되새김질하듯 매만지기

10주 과제를 제대로 이행하고 있어? 자신의 작품을 완성해 보았어? 어때? 생각처럼 쉽지 않을 수도 있을 거야. 쉽다면 굳이 글쓰기 공부를 할 필요가 없겠지. 노력이 중요해.

다만, 아직 끝나지 않았다는 점은 알아 둬. 글 맺음까지 했으니 끝 난 것 아니냐고? 맞아. 일단 글쓰기는 끝났어. 하지만 '작품 만들기' 는 아직 안 끝났어. 마지막으로 중요한 작업이 남았거든. 바로 '퇴고' 과정이야.

퇴고는 글을 다 쓴 후 처음부터 다시 보면서 잘못된 부분을 수정 하는 작업을 뜻해. 프로 작가라면 모두 퇴고 과정을 거치고서야 글 을 출판사에 갖다 주지. 나 또한 이 책의 원고를 2회에 걸쳐 퇴고한 뒤 출판사에 넘겨 줬어.

퇴고를 쉬운 말로 표현하면 '되새김질하듯 글을 하나씩 찬찬히 살 펴보면서 다듬는 것'이야. 어려운 작업은 아니지? 문제는, 대부분 학 생이 이 과정을 생략한다는 거야. 글을 쓰고 난 후에는 다시 읽어 보 지 않더라고.

글이 설계도대로 진행됐는지, 소재와 주제는 적절히 조화를 이루 는지, 포인트는 잘 부각됐는지, 맺음 부분이 명쾌한지…. 글쓴이가 이런 걸 확인하지 않는다면? 독자에게 "네가 알아서 판단해 읽어!" 라고 말하는 것과 다르지 않아. 무책임한 행동이야.

꼭 다시 읽어 보도록 해. 예상외로 많은 문제점을 발견하게 될 거 야. 문법이 틀린 문장도 눈에 들어오고, 덜 세련된 문장도 보일 거 야. 주제가 선명하게 부각되지 않았으니 이렇게 저렇게 고쳐야겠다 는 생각도 들겠지.

왜 퇴고 과정을 거쳐야 하는지 이젠 알겠지? 그렇다면 올바른 퇴 고 방법을 가르쳐 줄게.

첫째, 글을 다시 읽을 때는 반드시 소리를 내면서 읽도록 해. 눈으로 보는 퇴고는 효율적이지 않아. 퇴고는 '문제점을 찾아내야지!'라는 각오로 하는 거야. 그러니 세심하게 글을 읽어야 해. 꼭 소리를 내면서 읽도록 해.

둘째, 한 단원이나 한 장(챕터)을 끝낸 후에는 휴식을 취하도록 해. 1분 정도도 괜찮아. 잠시 눈과 뇌가 쉴 수 있는 여유를 가져야 해. 그래야 '영혼 없이' 글을 쭉 읽어 버리는 실수를 범하지 않게 돼.

셋째, 고개를 갸웃거리면서 독자의 입장에서 글을 읽으려고 노력해. 글을 쓸 때는 미처 생각하지 못했던 반대편의 주장도 한 번쯤은 생각해 봐. 그래야 글에 균형감이 생기지.

자기소개서 쓰기

마지막으로 자기소개서 쓰는 방법을 간략하게 설명할게.

자기소개서를 줄여서 보통 '자소서'라고 해. 어른이 되어 사회에 나가기 위해 회사에 취직하려면 자기소개서를 써야 하지. 서류 평가나 면접 평가만으로는 지원자에 대해 잘 알 수 없기 때문이야. 기업은 제출한 자기소개서를 토대로 지원자의 인성이나 포부, 대인 관계, 업무 능력 등을 파악해.

자기소개서는 대학 입시에서도 필수 요소가 됐어. 수시모집 학생부종합 전형에서 자기소개서가 가장 중요하거든. 좀 과장해서 말하자면, 자기소개서가 대학 합격 여부를 판가름하는 중요한 자료가 된단다.

고교 입시에서 자기소개서는 특목고나 자사고, 과학고를 지원할 때 필요해. 학교마다 자기소개서의 양식은 약간씩 달라. 하지만 대체로는 거의 비슷해. 3~5개의 문항으로 구성돼 있고, 각 문항마다 정해진 분량(500~1,500자) 안에서 글을 쓰면 되지.

자기소개서에는 왜 이 학교를 지원했는지, 즉 지원 동기가 들어가야 해. 또한 중학교 시절 얼마나 자기 주도 학습을 했는지, 이 고교에 입학하면 어떻게 학습할 것인지 등을 써넣어야 해. 인성 영역에서는 내가 얼마나 자원봉사를 많이 했으며 다른 사람을 배려하고 있는지 등 인간성을 드러낼 수 있는 내용을 담아야 해.

사실 자기소개서는 지금까지 살펴본 글, 그러니까 일기, 기행문, 감상문, 설명문, 논설문과 많이 달라. 주어진 질문에 대답하는 형식이니 일종의 '문답형 서술'이라고 할 수 있어. 심사관이 흡족해할 만한 대답을 하면 점수가 좋을 것이고, 그 반대라면 점수가 나쁘겠지.

결국 자기소개서는 '심사관이 흡족해할 만한 대답'을 잘 찾아내 적는 거라고 할 수 있어. 글 전체의 완결성 같은 것은 상대적으로 덜 중요해. 물론 점수를 매겨야 하니 어쩔 수 없는 측면이 있어. 그렇다면 어떻게 글을 써야 심사관이 흡족해할까?

첫째, 각 문항(주제)에 최대한 집중해야 해. 지원 동기를 묻는 문항에 쓴 답변을 볼까?

① 중학교 3학년 동안 과학 동아리 활동을 하면서 과학에 관심이 커졌다. 동아리에서 중추적인 역할을 했고, 이젠 과학고에 지원한다. 과학고에서 좋은 성적을 거둬 좋은 대학에 진학하고 싶다.

→ 지원 동기가 명확하지 않다. '좋은 대학에 가기 위해서'라는 대목은 심사관의 눈살을 찌푸리게 할 수 있다.

② 중학교 3학년 동안 로봇 동아리 활동을 하면서 과학고에 꼭 가겠다고 결심했다. 세계 최고의 로봇 과학자가 되고 싶다. 과학고에서 과학에 대한 체계적인 공부를 하고, 동아리 활동을 통해 로봇 학문에 대해 집중적으로 공부할 것이다.

→ 지원 동기가 비교적 명확하다. ①번 글보다 심사관이 더 좋은 점수를 줄 가능성이 크다.

둘째, 각 문항별로 첫 번째 문장에 승부를 걸어야 해. 심사관은 수많은 자기소개서를 접하게 돼. 모든 자소서가 엄청나게 공을 들인 거겠지. 그러다 보니 대부분 내용이 비슷할 거야. 이런 상황에서 심사관의 눈길을 사로잡으려면 아무래도 첫 번째 문장에서 확 관심을 끌어야 해. 입학 후 학습 계획을 묻는 질문에 대한 답변을 예로 들어 볼까?

① 학교 수업에 충실하고 과학 관련 서적을 많이 읽겠다. 과학 동아리에 가입해 적극 활동할 것이다. 항상 스스로 공부하는 습관을 들여 자기

주도 학습에 전념하겠다.

→ 도입부의 문장이 다소 평범하다. 압축적이고 인상적인 문장으로 바꿔야 한다.

② 정직한 과학도의 자질을 배우겠다. 학교 수업에 충실함은 물론 스스로 학습 계획을 세워 실천하겠다. 로봇 동아리에서 로봇 과학자가 되기 위한 꿈을 키워나가겠다.

→ 글쓴이의 비장한 각오가 느껴지는 도입부다. ①번보다 심사관의 시선이 더 머물 수 있다.

이 밖에도 자기소개서를 잘 쓰기 위한 원칙은 많아. 대부분 이미 공부했던 내용이지. 짧은 문장을 쓰고, 접속사를 줄이며, 애매모호한 표현은 삼가고, 문단을 잘 나누며, 추상적인 표현보다는 구체적인 경험담을 쓰며…. 결국 평소에 글을 자주 써 보는 것이 자기소개서를 잘 쓰는 비결인 셈이야.

한 가지 명심할 점은, 최근 들어 사교육과 관련된 내용은 감점 또는 0점 처리된다는 거야. 각 고교 입학 전형을 들여다봐. 피해야 할 내용이 자세히 기록돼 있어. 대부분 비슷한데, 개요만 적어 볼까?

토익(TOEIC) 시험을 비롯한 각종 어학 자격시험 점수를 자기소개서에 썼을 경우 0점 처리돼. 학교 밖에서 치러진 각종 대회에서 입상한 기록을 적어도 0점 처리되지. 심지어 교내 대회 실적까지 감점 처리하는 학교도 있어. 쉽게 말해 자기 자신을 과시할 수 있는 '실적'

은 모두 감점 또는 0점 처리되는 거야.

이뿐만 아니라 부모의 직업이나 신분(이를테면 판사나 검사, 의사, 교수 등)을 명시해도 감점 처리돼. 골프나 스키, 승마 같은 '고 비용 취미'를 적을 경우 소득 수준을 드러내기 때문에 이 또한 감점 요소야. 자기의 출신 중학교를 명시해도 감점 처리될 수 있지.

자기소개서를 전문으로 써 주는 '꾼'들도 있다고 해. 그 사람들은 자기소개서 한 편을 써 주는 대가로 수십만 원에서 심하면 백만 원에 가까운 돈을 받는다고 알려져 있어. 가끔은 그런 글이 심사관들로부터 좋은 평가를 받기도 해. 하지만 대부분은 걸러진단다. 요즘은 기술이 발달해 위조와 변조 여부를 너무나 정확하게 알아내거든. 그 경우엔? 당연히 0점 처리되지. 그러니 어렵더라도 직접 써야 해.

자기소개서 문항을 찬찬히 읽어 봐. 그렇다면 어떤 내용이 들어가야 하는지 충분히 짐작할 수 있을 거야. 그래, 100% 학교생활이야.

결국 자기소개서는 수험생이 중학교 생활을 얼마나 잘했는지, 포부와 목표는 어떤지, 인성은 어떤지를 평가하기 위한 자료인 셈이야. 그러니 자신의 학습 능력과 학습 태도가 뛰어나다는 점을 부각시켜야 해.

왜 공부하는지에 대해 뚜렷한 목표 의식이 있다는 점, 자기 주도적으로 학습한다는 점을 강조하는 게 좋아. 사교육에 의존하지 않고 학교 수업에 충실하다는 점을 보여 줘야 해. 리더십이나 책임감, 창의성 등 다양한 개성도 드러나야 해. 그러니 적극적으로 동아리 활동을 했다는 점과, 그 동아리 활동을 통해 얻은 성과에 대해 자세하게 기술하는 게 좋아. 다만 '내가 동아리에서 최고였다!'는 식의 자기 자랑은 감점 요소가 돼.

요즘엔 인성 평가를 위해서도 자기소개서를 활용해. 그러니 봉사 활동을 통해 나눔과 배려를 실천했다는 점도 자세하게 쓰도록 해. 다만 누구나 하는 봉사 내용을 쓰는 것은 별로 인상적이지 못해. 실제로 마음에서 우러나온 봉사 활동만이 평가하는 사람들의 마음을 움직인단다.

글을 쓸 때는 재료가 풍부해야 해. 재료가 없다면 글도 빈약해지겠지. 자기소개서를 풍성하게 쓰고 싶다면 평소 학교생활에 충실해야 해. 그래야 중학교 3학년이 되면 자기소개서에 쓸 재료가 풍부해질 테니까.

자, 이제 10주 프로젝트가 끝이 났어. 여러분 자신을 돌아봐. 글쓰기 실력이 많이 향상되었어?

끝으로 한마디를 덧붙이고 싶어. 글쓰기에서 가장 중요한 덕목은 바로 '자신감'이라는 사실! 할 수 있다는 생각으로 꾸준히 노력해 봐. 그러면 여러분 모두 글쓰기 달인이 될 거야. 내가 100% 장담할게.

부록

'10주, 글쓰기 완전 정복' 한눈에 보기

자, 이 책의 마지막 장에 이르렀습니다. 여러분은 지금까지 각 장의 내용을 제대로 이해했나요? 충실하게 훈련을 하고 있나요? 그렇다면 더할 나위가 없습니다. 여러분의 글쓰기 실력은 크게 늘었을 거예요.

만약 시간적 여유가 없거나 다른 문제 때문에 충실하게 훈련하지 못했다면 '그저 눈으로 보는' 독서에 그쳤을 확률이 높습니다. 그런 독서로는 글쓰기 실력이 좋아질 수 없지요. 최악의 경우 이 책의 마지막 페이지를 넘기는 바로 그 순간, 지금까지 익힌 것을 까먹을 가능성도 있어요.

그래선 안 되겠지요. 지금까지 들인 노력이 물거품이 돼 버리니까요. 이 프로젝트는 부모님의 도움이 반드시 있어야 합니다. 만약 아이들이 과제를 이행하지 못했다면 적극 독려해 주세요. 자, 다시 한

번 10주 과정을 한눈에 보도록 합시다!

1주. 문장 만들어 보기 ✏️

글의 기본은 문장입니다. 첫째 주에는 문장을 만들어 보는 훈련을 합니다.

> ① 자유롭게 문장 20개 만들기
> ② 그 문장에서 주어와 서술어 호응 확인하기
> ③ 조사 바꿔보기
> ④ 각 문장마다 꾸밈말 집어넣어 문장 풍성하게 하기

2주. 문장 연결해 짧은 글 만들기 ✏️

이번 주에는 문장을 모아서 보다 긴 글을 만드는 훈련을 합니다. 구체적으로는 문장을 짧게 만들거나 접속사를 제대로 사용하는 걸 익히게 됩니다.

> ① 문장을 만든 후 문장을 짧게 나눈다. (처음부터 짧은 문장을 써도 된다.)
> ② 짧게 나눈 문장에서 불필요한 접속사라고 생각되는 것은 모두 지운다.

③ 육하 원칙에 입각해 짧은 글을 20개 만든다.

3주. 다양한 비유법과 표현법 익히기 🖊

3주째에는 문장을 돋보이도록 하는 표현 방법을 익힙니다. 좋은 문장을 만드는 데 밑거름이 될 것입니다.

① 직유법, 은유법, 의인법, 활유법, 대유법을 사용한 문장을 각각 5개 이상 만들기
② 의성어, 의태어, 감탄사를 활용한 문장을 각각 5개 이상 만들기
③ 정의, 비교, 대조, 분류, 분석, 예시. 인용을 활용한 문장을 각각 5개 이상 만들기

4주. 묘사와 서사 글 써 보기 🖊

4주부터는 본격적으로 글쓰기 단계에 돌입합니다. 글을 생동감 있게 만드는 대표적인 방법인 서사와 묘사를 익히게 됩니다.

① 200~500자 분량의 짧은 글 2개 쓰기
② 그 글을 보면서 문장을 짧게 하고 접속사를 줄이는 등 글을 다듬기

③ 그 글을 서사 위주의 글로 바꾸기

④ 그 글을 묘사 위주의 글로 바꾸기

5주. 일기 쓰기 ✏️

5주째부터는 본격적으로 '작품'을 완성하는 훈련을 하게 됩니다. 지금까지의 훈련 과정을 잘 끝냈다면 크게 어려울 것은 없습니다.

① 사건 중심으로 일기 한 편, 느낌 중심으로 일기 한 편 쓰기

② 두 일기를 점검해 긴 문장을 짧게 나누고 접속사 줄이기

③ 두 일기에서 가능한 부분을 찾아 비유법 두 종류, 표현법 한 종류 이상 넣기

④ 두 일기에서 가능한 부분을 찾아 묘사 1회, 서사 1회 이상 시도하기

6주. 기행문 쓰기 ✏️

여행 정보와 감상, 느낌이 잘 어우러져야 좋은 기행문이라 할 수 있습니다.

① 기행문 한 편, 일기 한 편 쓰기

② 두 글을 점검해 긴 문장을 짧게 나누고 접속사 줄이기

③ 두 글에서 가능한 부분을 찾아 비유법 두 종류, 표현법 한 종류 이상
  넣기

④ 두 글에서 가능한 부분을 찾아 묘사 1회, 서사 1회 이상 시도하기

7주. 감상문 쓰기 🖊

7주 과제를 이행하려면 먼저 책과 영화를 하나씩 보기 바랍니다. 감상문에 도전하기 위해서이지요.

① 독서 감상문 한 편, 영화 감상문 한 편 쓰기

② 두 글을 점검해 긴 문장을 짧게 나누고 접속사 줄이기

③ 두 글에서 가능한 부분을 찾아 비유법 두 종류, 표현법 한 종류 이상
  넣기

④ 두 글에서 가능한 부분을 찾아 묘사 1회, 서사 1회 이상 시도하기

8주. 설명문 쓰기 🖊

설명문은 '형식'과 '내용'이 모두 중요합니다.

① 주 초반에 설명문 한 편의 주제 정하고 관련 자료 찾기

② 정의, 비교, 대조, 분류, 예시, 인용 중 4개 이상의 표현 방법 활용해
설명문 한 편 쓰기

③ 긴 문장을 짧게 나누고 접속사 줄이기

④ 비유법, 표현법을 두 종류 이상 활용하기. 묘사와 서사 중 한 가지 이
상 활용하기

9주. 논설문 쓰기 ✏️

논설문도 '형식'과 '주장'이 중요합니다. 이번에도 사전준비가 필요합
니다.

① 주 초반에 논설문 한 편의 주제 정하고 관련 자료 찾기

② 논설문 한 편 쓰기. 단 서론-본론-결론의 구성 갖추기

③ 내 주장이 절제돼있는지, 상대방에 대한 감정적 공격이 없는지 확인
하기

④ 긴 문장을 짧게 나누고 접속사 줄이기

⑤ 비유법, 표현법을 두 종류 이상 활용하기. 묘사와 서사 중 한 가지 이
상 활용하기

10주. 작품에 도전하기 ✏️

드디어 마지막 주가 됐습니다. 여기서는 여러분이 원하는 글을 스스로 써 보세요. 다만 최대한 정성을 들여 글을 쓰도록 하세요.

① 글의 장르와 소재, 주제, 제목 정하기. 관련 자료 찾기

② 글 작성하기. 단 분량은 최소한 원고지 10장 내외로 할 것.

③ 긴 문장을 짧게 나누고 접속사 줄이기

④ 비유법, 표현법, 묘사, 서사를 가급적 많이 활용하기

⑤ 자기소개서 써 보기

문장 제대로 쓰기부터 자기소개서까지,
한 번 배워 평생 써먹는 단계별 글쓰기 프로젝트

10주, 글쓰기 완전 정복

초판 1쇄 발행 2016년 2월 19일
초판 2쇄 발행 2018년 9월 12일

지은이 김상훈

펴낸이 민혜영
펴낸곳 (주)카시오페아 출판사
주소 서울시 마포구 월드컵북로 42다길 21(상암동)1층
전화 02-303-5580 | **팩스** 02-2179-8768
홈페이지 www.cassiopeiabook.com | **전자우편** editor@cassiopeiabook.com
출판등록 2012년 12월 27일 제2014-000277호
일러스트 송진욱
디자인 김진디자인

ISBN 979-11-85952-33-8
이 도서의 국립중앙도서관 출판시도서목록(CIP)은 서지정보유통지원시스템 홈페이지(http://seoji.nl.go.kr)와
국가자료공동목록시스템(http: //www.nl.go.kr/kolisnet)에서 이용하실 수 있습니다.
(CIP제어번호 : CIP 2016002956)